MY BEST

毎日の勉強と定期テスト対策に

For Everyday Studies and Exam Prep for High School Students

よくわかる 高校 公共 問題集

Public

塚本哲生

Gakken

よくわかる

高校の勉強
ガイド

中学までとのギャップに要注意！

　中学までの勉強とは違い，**高校では学ぶボリュームが一気に増える**ので，テスト直前の一夜漬けではうまくいきません。部活との両立も中学以上に大変です！

　また，高校では入試によって学力の近い人が多く集まっているため，中学までは成績上位だった人でも，初めての定期テストで予想以上に苦戦し，**中学までとのギャップ**にショックを受けてしまうことも…。しかし，そこであきらめず，勉強のやり方を見直していくことが重要です。

高3は超多忙！
高1・高2のうちから勉強しておくことが大事。

　高2になると，**文系・理系クラスに分かれる**学校が多く，より現実的に志望校を考えるようになってきます。そして，高3になると，一気に受験モードに。

　大学入試の一般選抜試験は，早い大学では高3の1月から始まるので，**高3では勉強できる期間は実質的に9か月程度しかありません。**おまけに，たくさんの模試を受けたり，志望校の過去問を解いたりなどの時間も必要です。高1・高2のうちから，計画的に基礎をかためていきましょう！

学校推薦型選抜・総合型選抜の入試も視野に入れておこう！

　近年増加している学校推薦型選抜（旧・推薦入試）や総合型選抜（旧・AO入試）においては，**高1からの成績が重要になるため，毎回の定期テストや授業への積極的な取り組みを大事にしましょう。**また，小論文や大学入学共通テストなど，**学力を測るための審査**も必須となっているので，日頃から基礎的な学力をしっかりとつけていきましょう。

一般的な高校3年間のスケジュール

※3学期制の学校の一例です。くわしくは自分の学校のスケジュールを調べるようにしましょう。

高1	4月	●入学式　●部活動仮入部
	5月	●部活動本入部　●一学期中間テスト
	7月	●一学期期末テスト　●夏休み
	10月	●二学期中間テスト
	12月	●二学期期末テスト　●冬休み
	3月	●学年末テスト　●春休み
高2	4月	●文系・理系クラスに分かれる
	5月	●一学期中間テスト
	7月	●一学期期末テスト　●夏休み
	10月	●二学期中間テスト
	12月	●二学期期末テスト　●冬休み
	2月	●部活動引退（部活動によっては高3の夏頃まで継続）
	3月	●学年末テスト　●春休み
高3	5月	●一学期中間テスト
	7月	●一学期期末テスト　●夏休み
	9月	●総合型選抜出願開始
	10月	●大学入学共通テスト出願　●二学期中間テスト
	11月	●模試ラッシュ　●学校推薦型選抜出願・選考開始
	12月	●二学期期末テスト　●冬休み
	1月	●私立大学一般選抜出願　●大学入学共通テスト　●国公立大学二次試験出願
	2月	●私立大学一般選抜試験　●国公立大学二次試験（前期日程）
	3月	●卒業　●国公立大学二次試験（後期日程）

部活との
両立を
したいな

受験に向けて
基礎を
かためなきゃ

やることが
たくさんだな

Q

授業は聞いているのに
テストで点が取れない…。

A

問題集を活用して，テストでどう問われるのかを意識しよう。

　学校の定期テストでは，授業の内容の「理解度」をはかるための問題が出題されます。

　授業はきちんと聞いて，復習もしているにもかかわらず，テストで点が取れないという人には，問題演習が足りていないという場合が非常に多いです。問題演習は，授業の内容が「試験問題」の形式で問われた場合の予行演習です。これが足りていないと，点が取りづらくなります。

　日頃から，授業で習った単元を，問題集を活用して演習してみてください。そうすることで，定期テストの点数は飛躍的にアップしますよ。

「解けた！」を実感したい。

普段から，インプットとアウトプットのサイクルをうまくつくろう。

　いざ問題演習を始めたものの，まったく問題が解けないと，「このまま演習を続けても意味がないのでは…」と不安になってしまうかもしれません。そんな場合には，教科書や授業中にとったノート，あるいは参考書に先に目を通してから，問題集を解いてみるのをおすすめします。

　問題を解くには，その前提となる「知識」を蓄える必要があります。まず「知識」をインプットし，「問題演習」でアウトプットする——このサイクルを意識して学習するのが成績アップの秘訣です。

　参考書と単元や学習内容が対応した問題集を使うと，インプットとアウトプットのサイクルをより効率的に行うことができますよ。

> # テスト範囲の勉強が
> # いつも間に合わなくなってしまう!

A

> 試験日から逆算した「学習計画」を練ろう。

　定期テストはテスト範囲の授業内容を正確に理解しているかを問うテストですから，よい点を取るには全範囲をまんべんなく学習していることが重要です。すなわち，試験日までに授業内容の復習と問題演習を全範囲終わらせる必要があるのです。

　そのためにも，がむしゃらに目の前の勉強を進めていくのではなく，「試験日から逆算した学習計画」を練るようにしましょう。

　本書の巻頭には，定期テストに向けた学習計画が作成できる「スタディプランシート」がついています。このシートを活用し，全体の進み具合をチェックしながら勉強していけば，毎回テスト範囲をしっかりカバーできますよ。

公共 の勉強のコツ Q&A

 テスト対策って, 何をすればいいのか不安です。

A

科目の構造にあった対策が大事。

『公共』は, 絶対に覚えておかなければいけない①知識の部分と, それを組み合わせる②思考力の部分の2階建ての構造なんだ。定期テストでも, この知識と思考力の2つの部分が問われる。だから知識をインプットした上で, それを活用して思考する力をつけることが大切だよ。

 教科書を読めばいいですか?

A

教科書だけの勉強には限界がある。

平坦に記述された教科書の内容を自分でまとめるのは大変だよね。どこがポイントなのかわからないし, そもそも「読む」というインプットだけでは重要語句の暗記が進まない。だから十分な思考ができなくて応用問題が解けない, という悪循環に陥ってしまうんだ。

 じゃあ, 先生, どうしたらいいんですか?

A

問題集を活用して, アウトプットしながら定着させよう!

この問題集では, STEP 1 で必要事項が漏れなく整理され, STEP 2 と STEP 3 で知識のアウトプットと重要語句の定着がはかれる。さらに定期テスト対策問題や探究問題で思考力の養成ができる。この問題集1冊で定期テスト対策ができる。また, わからないところがあれば, 姉妹版の『MY BEST よくわかる 高校公共』の参考書で確認すればバッチリだ!

本書の使い方

本書の特色

1　公共の重要な問題をもれなく収録

　本書は，令和４年度からの学習指導要領に対応した，公共で必要とされる重要な問題を精選してとりあげました。本書１冊で公共の基礎学力を身に付けることができます。

2　カラーで見やすく，わかりやすい

　フルカラーで見やすくわかりやすい誌面です。
　別冊の解答・解説は，取り外し可能で答え合わせもしやすくなっています。

3　「定期テスト対策問題」で試験対策も安心

　各章の末の「定期テスト対策問題」は，中間試験・期末試験に出やすい問題を100点満点のテスト形式で掲載してあります。試験前にやっておけば安心して試験に臨めます。また，「探究問題」は，探究的な理解を問う形式の問題ばかり集めていますので，多角的な視点を意識し，問いていきましょう。

本書の効果的な使い方

1　「重要ポイント」で要点はバッチリ

　冒頭に重要な事項・用語などをまとめてあります。しっかり覚えましょう。

2　段階別に効率よく学習しよう

　問題は「基礎チェック問題」と「単元マスター問題」の２レベルに分かれています。まず基礎チェック問題を学習し，そのあと単元マスター問題に取りかかりましょう。

3　中間試験・期末試験の直前には「定期テスト対策問題」をやろう

　中間試験・期末試験の出題範囲がわかったら，その範囲の「定期テスト対策問題」で腕試しをしてみましょう。

「探究問題」で思考力が問われる問題に慣れよう

探究的な理解や思考力を問う形式のテストに慣れるために，「探究問題」にチャレンジしましょう。

 参考書とセットでより効果的な活用を

本書は参考書『MY BEST よくわかる 高校公共』の姉妹編として作成しています。本書を単独で使っても十分実力がつく構成となっておりますが，参考書とあわせて活用すると，さらに効果的な学習をすることができます。

スタディプランシートの効果的な使い方

本書の巻頭には，中間試験・期末試験に向けた学習計画が作成できるスタディプランシートがついています。本から切り離して使ってください。

① テスト前1週間になったら学習計画を作成します。テストの日までにやるべきことを箇条書きで書き出して整理しましょう。

② 学習計画ができたら，机の前に貼ったり，デスクマットの下に置いたりして，いつも見えるようにしておきましょう。

③ 計画どおりにできたら，リストの右側にチェックマークをつけましょう。学習が終わったら，学習時間に応じて Daily Total（毎日の合計学習時間）欄に色をぬりましょう。

▼ スタディプランシートの記入例

WEEKLY STUDY PLAN テスト直前1週間でやることを整理しよう。
2週間前から取り組む場合は2列使おう。

Name of the Test ［テスト名］
中間テスト

Test Period ［テスト期間］
$\frac{5}{27}$ 〜 $\frac{6}{30}$

Date	Subject To-Do List	Check
5/20 (月)	英語 教科書p20-25	✓
	英文法 参考書の要点見直し	✓
	化学 問題集p20-26	✓
5/21 (火)	数学 参考書の要点見直し	
	古文 定期テスト対策問題	
	現代文 定期テスト対策問題	
	英文法 問題集p21-26	

⏰ Daily Total
0分 10 20 30 40 50 60分
1時間 2時間 3時間 4時間 5時間 6時間

⏰ Daily Total
0分 10 20 30 40 50 60分
1時間 2時間 3時間 4時間 5時間 6時間

⏰ Daily Total
0分 10 20 30 40 50 60分

実際にその日勉強した累積時間分のマス目をぬろう。1マス10分

CONTENTS もくじ

第3部　国際社会の課題と私たちのあり方

「解答と解説」は
別冊になっています。

第1章　青年期の課題

1 ｜ 青年期の特徴と心のはたらき

| STEP 1 | 重要ポイント

1 青年期の特徴と発達課題

1 青年期の心理

- **マージナルマン**(境界人・周辺人)…子どもでも大人でもない中途半端な状態にある(青年期の)青年(レヴィン)
- **第二の誕生**…自我にめざめ新しい自分に生まれ変わる青年期の精神的変化(ルソー)
- **心理的離乳**…青年期に起こる親への依存からの精神的自立(ホリングワース)
- **心理・社会的モラトリアム**…自分の生き方を模索するために,大人になることを「猶予」される青年期(エリクソン)
- **第二反抗期**…「大人はわかってくれない」といらだち,反抗的態度になりがちな青年期

2 エリクソンの発達課題

- **青年期の発達課題**…**アイデンティティの確立**(自分らしさに気づき,受け入れ,自分の生き方を確立する)
- **青年期の発達課題未達成**…**アイデンティティの拡散**(自分が何者なのかわからず何もやる気になれない)

2 欲求不満と葛藤

1 欲求の種類

　生理的欲求(一次的欲求)
　社会的欲求(二次的欲求)

- **❶マズローの欲求階層説**
- **欲求不満**…欲求が満たされない状態
- **❷葛藤**(かっとう)…2つ以上の欲求の間で板挟みの状態

3 適応と防衛機制

1 ❸適応と失敗反応

- **適応の種類**

　合理的解決…状況を理性的に分析し筋道を立てて解決する
　近道反応…衝動的に社会に認められない方法で欲求を満たす
- **❹防衛機制**…無意識の心のメカニズムが働く

❶　アメリカの心理学者マズロー(1908〜70)は,欲求を低次から高次への5段階の階層に分けて考えた。

マズローの欲求階層説

成長欲求　{　自己実現の欲求　/　承認・自尊の欲求
欠乏欲求　{　所属と愛情の欲求　/　安全の欲求　/　生理的欲求

❷ **葛藤の3パターン**

パターン	具体例
①接近－接近型 (AもしたいがBもしたい)	イチゴケーキも食べたいがチョコレートケーキも食べたい。
②回避－回避型 (AもいやだがBもいやだ)	勉強もしたくないが,留年もいやだ。
③接近－回避型 (AはしたいがBはいやだ)	ケーキは食べたいが,太るのはいやだ。

❸

欲求不満(葛藤) → 適応 → 合理的解決 / 近道反応 / 防衛機制
　　　　　　　　 → 失敗反応(適応できない状態)

❹

防衛機制の種類		
抑圧		傷ついた出来事の記憶などを心の奥底に抑え込む。
合理化		欲求が満たされない時に,理由をつけて自分を納得させる。
同一視		憧れの存在に自分を同化させて満足する。
投射		自分が思っているマイナスの感情を相手の感情だと思い込む。
反動形成		自分の思いとは反対の行動をする。
逃避		目の前の課題を避け,空想や病気,別の行為に逃げ込む。
退行		以前の未熟な発達段階に逆戻りして,欲求を満たす。
置き換え	代償	満たされない欲求を別なもので満たす。
	昇華(しょうか)	満たされない欲求を社会的に高い価値のある行為で満たす。

青年期の特徴と発達課題

❶ 子どもでも大人でもない中途半端な状態の青年を表す言葉を何というか。〔　　　　　〕

❷ 青年が親への依存から精神的に自立しようとすることを何というか。〔　　　　　〕

❸ エリクソンは，大人になることを「猶予」され自分の生き方を模索する青年期を何と表現したか。〔　　　　　〕

❹ アイデンティティの確立に失敗した状態を何というか。〔　　　　　〕

欲求不満と葛藤

❺ 生理的欲求（一次的欲求）に対して，尊敬されたいなど，社会で生きる中で人間が持つ欲求を何というか。〔　　　　　〕

❻ マズローが唱えた，欲求の間には階層性があり，低次の欲求が満たされないと高次の欲求は現れないという説を何というか。〔　　　　　〕

❼ 両立できない2つの欲求の間で板挟みになり苦しむことを何というか。〔　　　　　〕

❽ AはしたいがBはいやだというパターンの葛藤を何型というか。〔　　　　　〕

適応と防衛機制

❾ 欲求不満や葛藤に適応できず，心身の不調に陥るなどの状態を何というか。〔　　　　　〕

❿ 欲求不満や葛藤への適応の1つと考えられるが，衝動的に，社会的に認められない方法で欲求を満たしてしまおうとすることを何というか。〔　　　　　〕

⓫ 防衛機制の中で，傷ついた出来事の記憶などを心の奥底に抑え込んでしまうことを何というか。〔　　　　　〕

⓬ 防衛機制の中で，欲求が満たされない時に，理由をつけて自分を納得させることを何というか。〔　　　　　〕

⓭ 防衛機制の中で，自分の思いとは反対の行動をしてしまうことを何というか。〔　　　　　〕

⓮ 防衛機制の中で，満たされない欲求を，社会的により高い価値のある行為に置き換え，満たそうとすることを何というか。〔　　　　　〕

1 青年期の心理

よく出る (1) 次の語句について，その語句を使って青年期の心理を表した人物名を下から選び，記号で答えなさい。

① 心理的離乳　② マージナルマン　③ 第二の誕生　④ 心理・社会的モラトリアム

ア エリクソン　イ ハヴィガースト　ウ レヴィン　エ ホリングワース
オ ユング　カ ルソー

①〔　　　〕 ②〔　　　〕 ③〔　　　〕 ④〔　　　〕

(2) 次の文章中の空欄Aに当てはまるものを下から選び，記号で答えなさい。

心理・社会的モラトリアムという語句に関して，モラトリアムという言葉は，もともとお金の支払いなどが猶予される期間をいう。この期間は大人への準備をする時期であり，大人になることを「猶予」されている期間という意味である。　A　。

ア 変化が激しい現代にあっては，ゆっくり猶予されていると社会から取り残されてしまう危険もあり，「モラトリアム」という期間は，現在なくなった。年齢などにこだわらない社会になり，それが許されるようになったことも一因である。

イ 複雑化した現代にあっては，必要とされる知識・技能の獲得に長い学習期間が必要なものもあり，「モラトリアム」の期間は，延長される傾向にある。特に日本では寿命が延び，成年年齢も遅くなり，それが許されるようになったことも一因である。

ウ 必要とされる知識・技能の獲得は国ごとに違うが，グローバル化した現代にあっては，それを国際的に統一する必要がある。そのため，大人への変化を個人に自覚させ，周囲にも認めさせる，成人式などの通過儀礼が重要になり，「モラトリアム」という期間は消滅した。

エ 複雑化した現代にあっては，必要とされる知識・技能の獲得に長い学習期間が必要なものもあり，「モラトリアム」の期間は，延長される傾向にある。社会が豊かになり，それが許されるようになったことも一因である。

〔　　　〕

(3) 次の文章中の空欄A〜Cに当てはまる語を下から選び，記号で答えなさい。

大人になることが不安で，猶予期間にとどまろうとする青年を　A　という。親に依存して自立できない男性の心理を，永遠に少年のままでいた　B　に例えたのが　B　・シンドローム。同様に，幸せにしてくれる男性の出現を待つ女性の依存的願望を　C　・コンプレックスという。

ア ピーターパン　イ シンデレラ　ウ モラトリアム人間

A〔　　　〕 B〔　　　〕 C〔　　　〕

2 欲求不満と葛藤

葛藤に関する以下の問いに答えなさい。

発展 (1) 葛藤（コンフリクト）とはどのような状態か，説明しなさい。

〔　　　　　　　　　　　　　　　　　　　　　　　　　　　　　　　　　　〕

(2) 葛藤には①接近－接近型，②回避－回避型，③接近－回避型がある。以下の**ア～エ**はいずれに当たるか，番号で答えなさい。

ア 勉強もしたくないが，留年もいやだ。　　　　　　　　　　〔　　　〕

イ 好きな2人の男性から同時にプロポーズされ，どちらとも結婚したい。〔　　　〕

ウ ケーキは食べたいが，太るのはいやだ。　　　　　　　　　〔　　　〕

エ チョコレートケーキも食べたいが，イチゴケーキも食べたい。〔　　　〕

3 適応と失敗反応

よく出る

適応に関する次の文章を読み，空欄**A・B・C**（I群から選択）と空欄**①・②・③・④**（II群から選択）にそれぞれ適するものを選び，記号で答えなさい。

適応は，大きく3種類に分けられる。第一が　**A**　と呼ばれる，状況を理性的に分析し筋道をたてて解決すること。例えば　**①**　ことをいう。第二が　**B**　である。これは，衝動的に社会的に認められない方法で欲求を満たそうとすること。例えば　**②**　ことをいう。第三が　**C**　。例えば合理化，反動形成などのことである。合理化の事例では　**③**　ことがあげられるし，反動形成の事例では　**④**　ことがあげられる。

【I群】**ア** 近道反応　　**イ** 防衛機制　　**ウ** 失敗反応　　**エ** 合理的解決

【II群】

オ 幼児期に虐待を受けたが，記憶は奥底に沈み，思い出すこともなく生活を送る

カ 食べたかったケーキをとられたが，太らないですんだと納得する

キ 精神的な緊張に耐えられず，心身の不調に陥る

ク 子どものいない夫婦が犬を飼ってかわいがる

ケ 行列に並んで待つことができず，割り込みをしてしまう

コ 受験勉強のストレス発散のため，週に1日，運動する日をつくる

サ 失恋した若者が，彼女のことは忘れようと自分に言い聞かせて生きる

シ あこがれの人気モデルのファッションをまねる

ス 子どもに恵まれなかった夫婦が，児童施設でボランティア活動をする

セ 友人の大学合格に，本当はくやしいのに祝福している態度をとる

A〔　　　〕 B〔　　　〕 C〔　　　〕

①〔　　　〕 ②〔　　　〕 ③〔　　　〕 ④〔　　　〕

1 　1年1組では，「青年期の課題　職業選択」というテーマで，クラスで話し合いをした。次の会話文を読んで，あとの問いに答えなさい。

(各8点　計40点)

先生 「職業や働くことについて思っていることを自由に話しましょう。」

生徒A「働くことで収入が得られ，親から自立することができる点が一番重要だと思います。」

生徒B「職業を通じて自分の能力や個性を発揮し，自己実現を図ることができると思います。」

生徒C「パイロットが主役のドラマがあって，それを見て以来パイロットに憧れています。」

生徒D「ぼくはお金を得るということ以外に意味はないと思う。仕事って大変そうだし。」

生徒E「近年，仕事をやっていく自信がなくて，ずっと学生でいようとする人が増えているらしいです。私も仕事をする自信がありません。」

生徒F「ぼくはA君やB君，D君とは違って，職業には　①　を満たしてくれる側面があると思います。」

生徒G「　X　君は，　②　になってしまいそうだなあ。仕事には責任が伴うからね。」

生徒H「　Y　君の考え方じゃ，宝くじで10億円が当たったら仕事を辞めてしまうってこと？」

先生 「仕事に生きがいを見出せず，苦痛だけになったら嫌よね。そうならないために，　③　や就業体験が必要ね。」

(1)　空欄①〜③に当てはまる文を下から選び，**ア〜ク**で答えなさい。

ア　自分が思っているマイナスの感情を相手の感情だと思い込む置き換え

イ　大学生などが在学中に一定期間，企業などで体験するインターンシップ

ウ　他者の眼を気にせず，自分らしく生きたいという最も高次の欲求

エ　大人になることが不安で，猶予期間にとどまろうとするモラトリアム人間

オ　職業を通じて社会に認められたいという承認・自尊の欲求

カ　職業的自立に向け，必要な能力や態度を育てるキャリア教育

キ　人気モデルなど，憧れの存在に自分を同化させて満足する投射

ク　就業も就学も職業訓練もせず，働く意思がないフリーター

(2)　空欄**X**・**Y**は**A〜G**の誰かである。誰に当たるか，**A〜G**で答えなさい。

(1)	①		②		③		(2)	X		Y	

2 次の文章は，生徒の志望校について面談をした教員の感想の一部である。これを読んで，あとの問いに答えなさい。

((1)各7点，(2)各8点　計60点)

　ある生徒は，法学部・文学部・経済学部と，ほとんど文系のすべての学部を網羅するように受験計画を立てている。大学で学びたいことは何かと聞いても，いま一つはっきりしない。ただ一貫していたのが，どの志望校も超有名大学だった。話しているうちに会話に出てきたのが超有名大に入った優秀なお兄さんのこと。お兄さんを両親も自慢していて，自分もそんなお兄さんを見習いたいとも。この時，私は思った。この生徒は，マズローのいう　①　で志望校を決めている。　A　。

　でも話が進むうちに，両親も有名大学の出身で，自分は子どもの頃からそれを気にしていたともいう。ここでまた思った。もしかしたらこの生徒は，マズローのいう　②　で志望校を決めているのかもしれない。　B　。

　ある生徒は，どうしても家を出て一人で暮らしたいので，遠方の大学を受けるとのこと。話を聞くと，家から通える大学では，一人暮らしはさせてもらえないからだという。母親の干渉が厳しく，自分のお金の遣い方，交友関係にも立ち入ろうとする。自分が不在の間に机の中が見られたりもする，とのこと。この生徒は，マズローのいう　③　で志望校を決めているのかもしれない。　C　。

　ある生徒は，学力は高くて，大学はどこでも選べる状況だったが，アニメーションの専門学校に行きたいとのこと。アニメの世界が好きで，最終的にはアニメの制作にかかわる仕事をしたいとのこと。この生徒は，　D　というのがはっきりしていた。難関大に入って，人からすごいねって思われることなど，この生徒にはどうでもよかった。この生徒は，マズローのいう　④　で動いていた。

(1)　空欄①～④に当てはまる用語を下から選び，**ア**～**エ**で答えなさい。

　ア　安全の欲求　　**イ**　自己実現の欲求　　**ウ**　承認・自尊の欲求　　**エ**　所属と愛情の欲求

(2)　空欄**A**～**D**に当てはまる文を下から選び，**ア**～**エ**で答えなさい。

　ア　自分の大好きなことにかかわる仕事に就いて自分らしく生きたいと思っている

　イ　有名大学に入らないと，家族の一員になれないという思いなのかもしれない

　ウ　ここにいたのでは，不安で安心した生活ができないとの思いのようだ

　エ　自分が何をやりたいかではなく，自分を人はどう見るかが志望校の基準になっている

(1)	①		②		③		④	
(2)	A		B		C		D	

1 ｜ 古代の思想と宗教 I

▍ STEP 1 ▍ 重要ポイント

1 自然哲学の誕生とソフィスト

1 自然哲学の誕生

- 紀元前8世紀頃，ポリス成立…ロゴス（普遍的原理）を探究する動き（哲学の始まり）
- 初期の哲学者…自然を考察し万物の根源（アルケー）を説明 ⇒ そのため❶**自然哲学者**と呼ばれる

2 ソフィスト

- 紀元前5世紀，探究の対象が自然から人為（ノモス）へ ⇒ 弁論術が必要になる
- 弁論術教師**ソフィスト** ⇒ 相対主義（**プロタゴラス**「人間は万物の尺度である」）を主張 ⇒ 詭弁に陥る

2 ソクラテス

- 多くの人は無知…善美の事柄（善や美についての正しい知識）を知らない
- **問答法（助産術・産婆術）⇒ 無知の知**
  　　　　　　　　（自分の無知を自覚させる）
- 「**善く生きる**」⇒ 魂への配慮が必要
  　　⇒ **知徳合一・知行合一・福徳一致**が実現

3 プラトン

- **イデア**（理性でとらえられる真の実在）
  　　　　　…人間は天上界でイデアを見ていた
- 最高のイデア…**善のイデア**
  　　　（他のイデアの根拠となる究極のイデア）
- **洞窟の比喩**（人間は肉体という牢獄でイデアを忘れる）⇒ この世の感覚の世界からイデア界への魂の全面的な方向転換が必要
- 人間の魂はイデア界へ憧れる（**エロース**）⇒ そのエネルギーでイデアを想起（アナムネーシス）し，思い出そうと努力する
- ❷理想国家

4 ❸アリストテレス

- **ヒュレー**と**エイドス**
- **倫理的徳（習性的徳）⇒** ❹**中庸**の選択で形成
- ❺**正義**と友愛

❶

自然哲学者	主張
タレス	万物の根源を「水」とした。
ピタゴラス	世界の成り立ちの根源を「数」とした。
ヘラクレイトス	「万物は流転する」と主張し，その根源を「火」とした。

❷ **プラトンの正義の実現（理想国家）**

- 知恵（理性の徳）・勇気（気概の徳）・節制（欲望の徳）⇒ 3つの徳により魂が調和する ⇒ 正義が実現
- 統治者・防衛者・生産者が知恵・勇気・節制の徳を発揮する ⇒ 哲人政治の理想国家が実現

❸ アリストテレスの思想
- 事物は素材となる質料（ヒュレー）に内在する形相（エイドス）が現実化してできる。
- 倫理的徳（習性的徳）は，中庸（メソテース）を選択できるようになることで形成される。

❹

不足	中庸	過剰
臆病	勇気	無謀
無感覚	節制	放縦
腑抜け	温和	短気
けち	鷹揚	浪費
卑屈	自尊	虚栄

❺ アリストテレスの正義論
正義 ┬ 全体的正義
　　　└ 部分的正義
　　　　　┬ 配分的正義
　　　　　│　：富や名誉を各人の功績や働きに応じて比例的に配分するもの
　　　　　└ 調整的正義
　　　　　　　：裁判などで悪いことをした者には罰を，被害を受けた者には補償を与え，損得を均等にするもの

自然哲学の誕生とソフィスト

❶ 世界を動かす普遍的な原理を何というか。　　　　　　　　〔　　　　　　〕

❷ 万物の根源を「水」とした自然哲学者の名を答えよ。　　　〔　　　　　　〕

❸ 万物の根源を「火」とした自然哲学者の名を答えよ。　　　〔　　　　　　〕

❹ 報酬を得て弁論術を教える弁論術教師の名称を答えよ。　　〔　　　　　　〕

❺ 代表的なソフィストであるプロタゴラスの有名な言葉を答えよ。〔　　　　　〕

ソクラテス

❻ 自分は知らないことを自覚していることを何というか。　　〔　　　　　　〕

❼ 対話を通じて相手に無知を自覚させる方法を何というか。　〔　　　　　　〕

❽ ソクラテスは,「善く生きる」ためには何への配慮が必要だと言ったか。〔　　〕

❾ 人間が善悪を真に知れば, 徳が実現することを何というか。〔　　　　　　〕

プラトン

❿ プラトンは, 理性でとらえられる真の実在を何と呼んだか。〔　　　　　　〕

⓫ プラトンが魂の全面的な方向転換を求めるために使った比喩は何か。〔　　〕

⓬ イデアを人間が想起（アナムネーシス）するエネルギーとなるイデア界
への憧れを何というか。　　　　　　　　　　　　　　　　〔　　　　　　〕

⓭ 魂を理性・気概・欲望の3つに分ける考え方を何というか。〔　　　　　　〕

⓮ 知恵を持ちイデアを認識できる統治者による政治を何というか。〔　　　　〕

アリストテレス

⓯ アリストテレスは, 個々の事物は, 素材となる質料（ヒュレー）に内在
する何が現実化したものとしたか。　　　　　　　　　　　〔　　　　　　〕

⓰ 徳には知性的徳と何があるか。　　　　　　　　　　　　　〔　　　　　　〕

⓱ 倫理的徳は何を選択できるようになることで形成されるか。〔　　　　　　〕

⓲ アリストテレスは, 倫理的徳の中で, 正義と何を特に重視したか。〔　　　〕

解答・解説は別冊 p.2

1 自然哲学の誕生とソフィスト

次の文章を読んで，あとの問いに答えなさい。

紀元前8世紀頃，ギリシャにポリスと呼ばれる都市国家が成立したが，ギリシャの植民地イオニアの
ポリスから，世界を動かす普遍的原理であるロゴスを，　A　ではなく合理的思考によって探究しよ
うという思考態度が生まれてきた。これが哲学の始まりである。初期の哲学者たちは，特に自然を考察
して万物の　B　を説明しようとした。そのため，　C　と呼ばれた。

紀元前5世紀になると，探究の対象が自然から法律など人間の取り決め（人為的なもの［　D　］）
へと変わる。特にアテネで民主制が発展すると，アテネで政治指導者になるためには，自分の考えを雄
弁に語る弁論術が必要不可欠となった。そこで登場したのが，報酬を得て弁論術を教えるソフィストと
呼ばれる弁論術教師である。

よく出る (1) 空欄A〜Dに当てはまる語を答えなさい。

A〔　　　　　　　〕　B〔　　　　　　　〕

C〔　　　　　　　〕　D〔　　　　　　　〕

(2) 以下の文の中で誤っているものを1つ選び，記号で答えなさい。

ア ソフィストの主張に立てば，法律や道徳も，ある時代の特定の人々が考えたものにすぎず，永遠
に正しいものではないことになる。

イ ソフィストたちは，次第に本当に正しいかどうかよりも，相手に正しいと思い込ませ，議論に勝
つことだけが目的となり，ここから詭弁，こじつけ論といわれるものに陥ってしまう。

ウ 代表的なソフィストであるヘラクレイトスは，「万物は流転する」と相対主義を主張した。

エ ソフィストが主張した相対主義は，ものの見方は一人ひとり違うというものであり，人間の受け
取り方を中心に考えるので，人間中心主義ともいえる。　　　　　　　　　　〔　　　　　〕

2 ソクラテス・プラトン・アリストテレス

次の文章を読んで，あとの問いに答えなさい。

アリストテレスは人間としての徳を考察した。彼によれば，徳は知性的徳と，倫理的徳（習性的徳）
に分けられる。知性的徳は，知恵，思慮（フロネーシス）など知性の働きにかかわるものである。倫理
的徳は，人柄や性格にかかわるものであり，知性的徳の思慮によって，感情や欲望をコントロールし，
中庸（メソテース）を選択できるようになることで形成される。①中庸とは両極端の中間という意味で
あり，感情や欲望の少な過ぎ（不足）と行き過ぎ（過剰）の中間ということである。彼は共同体での生
活の中で欠かせないものとして，倫理的徳の中の正義を重視した。彼は正義を，　A　という全体的
正義と，　B　という②部分的正義とに分けた。

(1) この文章中の空欄A・Bに当てはまる語句を下から選び，記号で答えなさい。

ア 相手の幸福を願う　**イ** 各人の平等や公平を実現する　**ウ** 快楽を求める　**エ** 法に従う

A〔　　　　　〕 B〔　　　　　〕

よく出る (2) 下線①をあらわした次の表の空欄**ア〜エ**に当てはまるものを語群より選びなさい。

不足	中庸	過剰
臆病（おくびょう）	ア	イ
無感覚	節制	放縦（ほうじゅう）
腑抜け（ふぬけ）	ウ	短気
けち	鷹揚（おうよう）	エ
卑屈（ひくつ）	自尊	虚栄

【語群】 温和　勇気　浪費　無謀

ア〔　　　　　　〕　イ〔　　　　　　〕
ウ〔　　　　　　〕　エ〔　　　　　　〕

(3) 下線②の部分的正義について述べた次の文章中の空欄**C・D**に当てはまるものを，下の**ア〜イ**から選び，記号で答えなさい。

部分的正義は，配分的正義と調整的正義に分けられる。配分的正義は，　C　である。調整的正義は，　D　である。

ア　悪いことをした者には罰を，被害を受けた者には補償を与え，損得を均等にするもの

イ　富や名誉を各人の功績や働きに応じて比例的に配分するもの

C〔　　　　〕　D〔　　　　〕

発展 (4) 以下の文章は**ソクラテス・プラトン・アリストテレス**のいずれかのことを述べている。誰のことを述べたものか区分けし，記号で答えなさい。

ア　大切なのは，ただ生きるのではなく，「善く生きる」ことであった。そのため，人々に常に魂への配慮の必要性を語りかけた。魂への配慮とは，自己の魂（プシュケー）が優れたものになるよう（徳が備わるよう）気遣うことである。

イ　快楽をただ求める生活を享楽的生活，名誉をひたすら求める生活を政治的生活，純粋に真理を求める生活を観想的生活（テオーリア的生活）としたうえで，観想的生活こそが，人間にとって最も幸福な生活とし，最高善（すべての行為の目的となるもの）だとした。

ウ　人間はこの世に生まれ，肉体という牢獄の中に閉じ込められ，イデアを忘れてしまった。そして，イデアの影にすぎないものを実在だと思い込んでしまっている。彼はこれを洞窟にいる囚人が奥の壁に向かってすわり，壁にうつる影を実在だと思っている様子に例えた。

エ　チューリップの球根が成長し花が咲く例で，球根にとって花を咲かすことは目的とも考えられる。彼はこれを，自然の世界は目的を持っているととらえた。これを目的論的自然観という。

オ　知恵を持つ統治者のもとで防衛者が勇気の徳を，生産者が節制の徳をそれぞれ発揮した時，理想国家が実現するとした。そして統治者は知恵を持ちイデアを認識できる者でなければならないとする哲人政治を説いた。

カ　彼はのちに政治家などの反感を買い，青年を堕落させた罪で死刑判決を受けた。逃亡もできたが，それでは国法に背くことになるとして，自ら毒杯をあおいで死んだ。彼は最後まで「善く生きる」を貫いた。

キ　内在的にとらえられた本質を形相（エイドス）と呼び，個々の事物は素材となる質料（ヒュレー）に内在する形相が現実化したものとした。大理石が彫刻された場合，大理石という質料の中に内在していた像という形相が目の前の存在になったということである。

ソクラテス〔　　　　　　〕　プラトン〔　　　　　　〕
アリストテレス〔　　　　　　〕

2 | 古代の思想と宗教 II

| STEP 1 | 重要ポイント

1 ユダヤ教／キリスト教／イスラーム

1 ユダヤ教

- ユダヤ人の民族宗教。キリスト教の母体
  聖典『旧約聖書』
- 全知全能の神ヤハウェ（唯一の神）
  ⇒ **律法**（神の命令と掟）を固く守る

2 キリスト教

- **イエス**はユダヤ教の律法主義を批判
  ⇒ 信仰があれば神は救いの手を伸ばす
- **神の愛（アガペー）・神への愛・隣人愛**
- 十字架の刑による死 ⇒ ❶**キリスト教の成立**

3 イスラーム（イスラム教）

- **ムハンマド（マホメット）**は最大・最後の
  預言者
- 厳格な一神教 ⇒ **偶像崇拝の禁止**
- 聖典『**クルアーン（コーラン）**』
  神の言葉（教義以外に日常生活も律する）
- ムスリム（イスラム教徒）の義務…❷**六信・五行**

2 仏教

- **ブッダ**（ゴータマ゠シッダッタ）の悟り
  ⇒ 人生はすべてが苦（一切皆苦）
- 苦を滅するには ⇒ 真理の理解が必要 ⇒
  縁起の法（諸行無常・諸法無我）の理解
- ❸**四諦・八正道** ⇒ 涅槃寂静へ
- 大乗仏教 ⇒ 一切衆生悉有仏性

3 儒家の思想

- **孔子**…**仁と礼** ⇒ 克己復礼
  君子による徳治主義（修己治人）
- **孟子**…性善説・❺**四端** ⇒ **四徳**
  大丈夫（浩然の気）・王道の政治
- **荀子**…性悪説・礼治主義

4 道家の思想

- **老子**…**道**（無）と一体化した人間本来のあ
  り方（無為自然・柔弱謙下・小国寡民）
- **荘子**…ありのままの世界は万物斉同 ⇒ 心
  斎坐忘・逍遥遊 ⇒ 真人

❶ キリスト教の成立

- ・イエスはメシア（救世主）であり神の子
- ・イエスは全人類の身代わりとして十字架の刑で
  原罪を贖った（贖罪〔罪を償うこと〕）

⇒

キリスト教の成立

❷

六信
アッラー　天使　聖典　預言者　来世　天命

五行	内容
信仰告白	「アッラー以外に神はなく，ムハンマド は神の使徒なり」と唱える
礼拝	1日に5回，メッカの方向に向かって ひざまずいて礼拝する
喜捨	弱者救済のため，財産に応じて課され る税を支払う
断食	ラマダーン（イスラーム暦9月）に，日 の出から日没まで一切の飲食を断つ
巡礼	一生に一度，イスラームの聖地メッカ に巡礼する

❸ 四諦…苦諦・集諦・滅諦・道諦（4つの真理）

八正道	実践(8つの修行方法)
正見	正しいものの見方をすること
正思	正しい思考を働かせること
正語	嘘や悪口のない正しい言葉を語ること
正業	正しい行いをすること
正命	戒律に従った正しい生活を送ること
正精進	正しい努力をすること
正念	正しい見解を心にとどめること
正定	正しい精神統一をすること

❹ 仁と礼の内容
仁（孝・悌・忠・恕・克己・信）
礼（習慣・礼儀作法・法）

❺

四端 （芽生え）		四徳
惻隠の心	→育てる→	仁
羞悪の心	→	義
辞譲の心	→	礼
是非の心	→	智

ユダヤ教／キリスト教／イスラーム

❶ ユダヤ教における全知全能の神の名を答えなさい。　　　　　　　　〔　　　　　　　〕

❷ ユダヤ教において，神の命令と掟を何というか。　　　　　　　　　〔　　　　　　　〕

❸ キリスト教において，人間が生まれながらに負っている，神の意志にそむき自己中心的な生き方をしてしまうという罪を何というか。　　〔　　　　　　　〕

❹ キリスト教において，イエスが全人類の身代わりとして十字架の刑で原罪を贖ったことを何というか。　　　　　　　　　　　　　　　　〔　　　　　　　〕

❺ 特にイスラームでは神の像や絵画を崇拝することが厳しく禁じられている。これを何というか。　　　　　　　　　　　　　　　　　　〔　　　　　　　〕

❻ イスラームの最も重要な聖典は何か。　　　　　　　　　　　　　　〔　　　　　　　〕

仏教

❼ 人間の人生はすべてが苦であるという認識を何というか。　　　　　〔　　　　　　　〕

❽ 縁起の法から導かれる，すべてのものは絶えず変化し，とどまることはないという真理を何というか。　　　　　　　　　　　　　　　〔　　　　　　　〕

❾ 仏教における4つの真理を何というか。　　　　　　　　　　　　　〔　　　　　　　〕

❿ 仏教における8つの修行方法を何というか。　　　　　　　　　　　〔　　　　　　　〕

儒家の思想

⓫ 孔子の教えの中心となる2つの徳目は何か。　　　　　　　　　　　〔　　　・　　　〕

⓬ 自分の欲求を抑えて礼に従うことが仁の実践である，という孔子の思想をあらわす語句を答えなさい。　　　　　　　　　　　　　　　〔　　　　　　　〕

⓭ 孟子と違って性悪説の立場に立ち，礼治主義を唱えたのは誰か。　　〔　　　　　　　〕

道家の思想

⓮ 作為をせずに「道」に従ってありのままに任せる生き方を何というか。　〔　　　　　　　〕

⓯ ありのままの世界は人為的な区別も対立もなく，すべてが存在として同じ価値を持つ斉しい世界であるとする主張を何というか。　　　〔　　　　　　　〕

1 キリスト教

次の文章を読んで，あとの問いに答えなさい。

キリスト教はユダヤ教を母体として生まれたが，当時のユダヤ教の律法主義は，形式主義をもたらしていた。①イエスはこれを厳しく批判した。

キリスト教には3つの愛がある。神から発せられる A ，それに応えて人間が発する神への愛と B である。イエスは，人々に神と向き合い，罪を悔い改め，神に救いを求めることを説いた。その時，ふりそそがれる A は，誰にでも見返りなしに与えられる無差別， C の愛なのである。

(1) 下線①に関する以下の文の中で誤っているものを1つ選び，記号で答えなさい。

　ア　イエスの主張は，恵まれない人々に希望を与える福音（喜ばしい知らせ）であった。

　イ　イエスは，深い信仰の気持ちを持てば，神は救いの手を伸ばすと説いた。

　ウ　心の内面を重視するイエスは，神の救いは表面的に律法を守ったかどうかではないと説いた。

　エ　イエスは，律法を厳格に守らない人々を厳しく批判した。　　　　　　〔　　　　〕

よく出る (2) 空欄A～Cに当てはまる語句を答えなさい。

　　　　　　A〔　　　　　　　〕　　B〔　　　　　　　〕　C〔　　　　　　　〕

(3) 「隣人を自分のように愛しなさい」「人から自分にしてもらいたいと思うことを，人にもしなさい」
　　というイエスの言葉は，何と呼ばれるか。　　　　　　　　　　　　　〔　　　　　　　〕

2 イスラーム

次の文章を読んで，あとの問いに答えなさい。

アラビアの都市メッカに生まれた A は商人として活動していたが，天使を通じて神のお告げを受けるようになった。自分が神 B の使徒であることを自覚した彼は教えを説き始めた。

よく出る (1) 空欄A・Bに当てはまる語句を答えなさい。A〔　　　　　　　〕　B〔　　　　　　　〕

(2) 以下の文章の中で誤っているものを1つ選び，記号で答えなさい。

　ア　最も重要な聖典が『クルアーン』であり，これは神がムハンマドに啓示した神の言葉を記したもので，教義や信仰についてのみ記されている。

　イ　ムスリムが信ずべき六信とは，アッラー・天使・聖典・預言者・来世・天命である。

　ウ　ムスリムの義務である五行とは，信仰告白・礼拝・喜捨・断食と，一生に一度の聖地メッカへの巡礼である。　　　　　　　　　　　　　　　　　　　　　　　　　〔　　　　〕

3 仏教

次の文章を読んで，あとの問いに答えなさい。

ブッダの教えは，具体的に四諦・八正道としてまとめられている。四諦とは，4つの真理の意味で，第一が苦諦で，生きることの根本は苦であるという真理。第二が A で，苦の原因は煩悩であると

いう真理。第三が **B** で，煩悩を消すことで苦しみをなくすことができるという真理。第四が道諦で，煩悩をなくし，悟りを得るための修行法は八正道であるという真理である。八正道とは，涅槃寂静に至るための 8 つの正しい修行方法のことで，正しいとは，快楽にも苦行にもかたよらない **C** を実践することである。

よく出る (1) 空欄 **A** 〜 **C** に当てはまる語句を答えなさい。

A 〔　　　　　〕　　　　B 〔　　　　　〕　　　　C 〔　　　　　〕

(2) 紀元前 1 世紀頃，大衆部（だいしゅぶ）の思想的流れをくむ人々の間で生まれた仏教は何か。

〔　　　　　　　　　　〕

4 儒家の思想

次の文章を読んで，あとの問いに答えなさい。

仁とは内面的な道徳として人を愛する心であるが，ただ人を愛するといってもいろいろな現れ方がある。孔子はそれを，①信，孝，克己，悌などの言葉を使って説明した。

孔子の仁の教えを重視し継承したのが孟子である。彼は，人間の本性は善であるという性善説を唱えた。孟子によれば，人間は生まれながらにして，**A** の心を持っている。この 4 つの心が徳の芽生えであり，人間はこの心を育てていけば四徳を実現できるとした。四徳を備えた人物は，道徳を実践しようとする気力に満ちあふれた状態になる。孟子は，この状態（心の思い）を **B** と表現し，これを持ち合わせた理想的な人物を **C** と呼んだ。

よく出る (1) 空欄 **A** 〜 **C** に当てはまる語を答えなさい。

A 〔　　　　　〕　　　　B 〔　　　　　〕　　　　C 〔　　　　　〕

(2) 下線①を説明した以下の文章の空欄に，信，孝，克己，悌のうちいずれかの語を入れなさい。

仁が親子の間の自然な情として示されれば **ア**，兄弟の間で示されれば **イ** となる。仁が他者に対する心のあり方として現れれば，私利私欲を抑える **ウ**，人をあざむかない **エ** となる。

ア 〔　　　　〕　　イ 〔　　　　〕　　ウ 〔　　　　〕　　エ 〔　　　　〕

5 道家の思想

次の文章を読んで，あとの問いに答えなさい。

老子は，儒家の主張する道徳は，「 **A** 」が見失われ，道徳的でない生き方がはびこるから主張されるものであるとし，①人と争わず謙虚に生きるという人間の本来のあり方と，②無為自然に生きるわずかな人々で構成される，自給自足の農村共同体程度の小国家という理想社会を主張した。

荘子は，区別や対立など作為的な分別をやめ，③我を忘れて天地自然と一体になり，心に逆らわず自由に遊ぶように生きる **B** の境地に達した人間を理想として **C** と呼んだ。

よく出る (1) 空欄 **A** 〜 **C** に当てはまる語句を答えなさい。

A 〔　　　　　〕　　　　B 〔　　　　　〕　　　　C 〔　　　　　〕

(2) 下線①②③をそれぞれ漢字 4 字で表現しなさい。

① 〔　　　　〕　　② 〔　　　　〕　　③ 〔　　　　〕

3 | 近代の思想

1 ルネサンス／宗教改革／モラリスト

1 ルネサンス（文芸復興）

神中心から人間中心への文化運動

2 宗教改革

- ドイツの**❶ルター** ⇒ カトリック教会の贖宥状（免罪符）を批判
- フランスの**カルヴァン** ⇒ その予定説・職業召命観は資本主義の土壌となる

3 モラリスト

- **モンテーニュ**…「私は何を知っているか（ク・セ・ジュ?）」（懐疑主義）
- **パスカル**…人間は不安定な中間者であるが、「人間は考える葦である」

2 経験論と合理論

- **フランシス゠ベーコン**（経験論）…**❷帰納法**
- **デカルト**（合理論）…**❷演繹法**

3 カント／ヘーゲル／功利主義

1 カントの思想

- **❸仮言命法ではなく、実践理性が命じる定言命法**（善意志）⇒ 意志の自律（人間の自由）

2 ヘーゲルの思想

- **❹弁証法**
  …**❺人倫**（共同体）への過程と人倫の発展
- 人間の歴史
  …絶対精神（理性）による自由の拡大過程

3 功利主義

- **ベンサム**…快楽計算をする量的功利主義（多くの幸福をめざす**最大多数の最大幸福**）
- **ミル**…質的功利主義・他者危害原則

4 初期の実存主義

- **キルケゴール**…実存への3段階（美的実存 ⇒ 倫理的実存 ⇒ 宗教的実存）
- **ニーチェ**…ニヒリズム（権威をすべて否定）
  ⇒ キリスト教批判（「神は死んだ」・奴隷道徳）
  ⇒ もともと人間には力への意志がある
  （運命愛を持つ**超人**へ）

---

❶ ルターの思想
- 信仰のみによって救済される（信仰義認説）
- 信仰のよりどころは聖書のみ（聖書中心主義）
- 神の前ではすべての信仰者は平等（万人司祭主義）
- すべての職業は神から与えられた使命であり、励むことは神の意志にそう（職業召命観）

❷ 【帰納法と演繹法】

帰納法 実例（経験）→ 一般法則
例 ソクラテスもプラトンも死んだ。
だから人間は死ぬ。

演繹法 一般法則 → 個別の結論
例 人間は死ぬものだ。
だからソクラテスもプラトンも死ぬ。

❸ 【仮言命法と定言命法】

仮言命法（条件つきの命令）
「人から信用されたいならば正直に生きろ！」
（道徳的でない）

定言命法（無条件の命令）
「人間ならば純粋に正直に生きろ！」（道徳的）

❹ 弁証法の3段階
1. ある立場を肯定する正（テーゼ）の登場
2. 正と対立・矛盾する反（アンチテーゼ）の出現
3. 両者を統合する止揚（アウフヘーベン）の働きで合（ジンテーゼ）へ進む

❺ 【人倫への過程と人倫の発展】

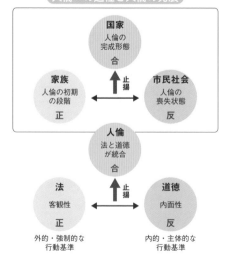

ルネサンス／宗教改革／モラリスト

❶ 中世末期の 14 世紀，ヨーロッパ，特にイタリアを中心に起こった，神中心から人間中心へという文化運動を何というか。〔　　　　　〕

❷ ドイツのルターは，カトリック教会があるものを売り出したことを批判した。あるものとは何か。〔　　　　　〕

❸ 人間は内面的な神への信仰のみによって罪を許され救済されるというルターの考えを何というか。〔　　　　　〕

❹ すべての職業は神から与えられた使命という考え方を何というか。〔　　　　　〕

❺ 神は誰を救済するか決めているという，カルヴァンの主張を何というか。〔　　　　　〕

❻ ありのままの人間を見つめ，人間性を探究した思想家を何と呼ぶか。〔　　　　　〕

❼ 「私は何を知っているか（ク・セ・ジュ？）」というモンテーニュの立場を何というか。〔　　　　　〕

❽ パスカルが無力ながらも偉大な面をもつ人間を例えた言葉は何か。〔　　　　　〕

経験論と合理論

❾ フランシス゠ベーコンは学問的方法として何を提唱したか。〔　　　　　〕

❿ デカルトが演繹法の出発点とした，確実な真理を見つけるために少しでも疑わしいものは排除するという方法を何というか。〔　　　　　〕

カント／ヘーゲル／功利主義

⓫ 実践理性から命ぜられる無条件の道徳的命令を何というか。〔　　　　　〕

⓬ 人倫とは法（正）と何を統合したものか。（反）にあたるものを答えよ。〔　　　　　〕

⓭ ベンサムが最善の行為を考える上で基本原理とした言葉を答えよ。〔　　　　　〕

⓮ ベンサムの量的功利主義に対して，ミルの立場を何というか。〔　　　　　〕

初期の実存主義

⓯ キルケゴールの実存で，神の前で単独者となる段階を何というか。〔　　　　　〕

⓰ ニーチェは，運命愛を持って力への意志で生きるひとを何と呼んだか。〔　　　　　〕

1 経験論と合理論

次の文章を読んで，あとの問いに答えなさい。

ベーコンは①4つのイドラの排除を主張し，帰納法を提唱した。デカルトは確実な真理を獲得するためにすべてのものを疑い，少しでも疑わしいものは排除するという方法をとった。そしてあらゆるものを疑う中で，②「疑っている私」が存在するということだけは疑えない真理だとして，これを自己の哲学の根本原理とした。

（よく出る）(1)　下線①の4つのイドラはそれぞれどのようなものか。4つのイドラ**A**～**D**の説明となるものを，下の**ア**～**エ**の中から選びなさい。

A 「種族のイドラ」　　**B** 「洞窟のイドラ」　　**C** 「市場のイドラ」　　**D** 「劇場のイドラ」

ア　物語を信じるように，有名大学の教授の主張だから真実だと思い込むようなイドラ。

イ　個人の性格や生活環境に制約を受ける，井の中の蛙のような狭いものの見方から起こるイドラ。

ウ　目の錯覚など，人間というものに共通する，いわば人間性に根ざすイドラ。

エ　噂を信じてしまうような，言葉のいいかげんな使用で生まれるイドラ。

A〔　　　　〕　B〔　　　　〕　C〔　　　　〕　D〔　　　　〕

（発展）(2)　下線②を，デカルトは何という言葉で表現したか。〔　　　　　　　　　　　〕

(3)　以下の文の中で誤っているものを1つ選び，記号で答えなさい。

ア　観察によって得られた事実を分析し，それらに共通する一般的な法則を見つけ出すという経験を重視するのが帰納法である。

イ　人間はすべて死ぬという法則から出発し，「ソクラテスもプラトンも人間である，だから必ず死ぬ」という結論を導くのは演繹法である。

ウ　真理から出発し，論理的な推理を重ねることによって個別の結論・判断に至るのが演繹法である。

エ　デカルトは，自然の法則を見つければ人間は自然を支配することができると考えた。この思想は「知は力なり」という言葉で表現されている。

オ　ソクラテスもプラトンも死んだから人間は死ぬという法則を導くのは，帰納法である。〔　　　　〕

2 カントとヘーゲルの思想

次の文章を読んで，あとの問いに答えなさい。

カントは，実践理性にもとづいて自分の意志を自分で決めることを意志の自律と呼び，ここに真の人間の自由があるとした。他人のものを盗む時，自由に見えてもそれは欲望に支配されている他律の状態である。それを内なる道徳法則で思いとどまれる時，人間は自由な存在になれるのである。

一方ヘーゲルは，共同体である人倫は家族（正），①市民社会（反），　**A**　（合）の3段階で弁証法的に発展するものと考えた。ヘーゲルは，　**A**　の段階に到り，矛盾や不平等は解決に向かい，人々の　**B**　が実現するとした。

(1)　カントは理性からの命令を2つに分けた。定言命法と何か。　　　　　〔　　　　　　　　　　　〕

(2) 下線①の，道徳的に退廃した状態を何というか。〔　　　　　　〕

よく出る(3) 空欄**A・B**に当てはまる語句を下から選び，記号で答えなさい。

　　ア　自由　　イ　道徳　　ウ　理性　　エ　国家　　　　A〔　　　〕 B〔　　　〕

(4) 以下の文章の中で誤りのあるものを1つ選び，記号で答えなさい。

　　ア　絶対精神は自分は歴史の表舞台に立たず，人間を道具として操り，自己の求める自由を実現していく。このずるがしこい絶対精神の働きを，ヘーゲルは「理性の狡知」と呼んだ。

　　イ　ヘーゲルは，歴史を動かしているものは，理性の働きである絶対精神であり，この絶対精神はあたかも神のように，歴史を動かし自由を実現していくとした。

　　ウ　ヘーゲルは「あなたの意志の格率が，常に同時に普遍的な立法の原理として妥当しうるように行為しなさい」と言った。

　　エ　ヘーゲルは，人間の歴史は自由が実現されていく過程だとした。彼はこれを「世界史とは自由の意識の進歩」であると表現した。〔　　　　　　〕

3 功利主義

次の文章を読んで，あとの問いに答えなさい。

ベンサムは，人間は行為を選択する時にそれらがもたらす快楽の量を比べて選択するとして，快楽を，その強さ，持続性，確実性などを基準に①量的に測定することが可能だとした。この②ベンサムの考えを修正し発展させたのがミルである。

よく出る(1) 下線①を何と呼ぶか。〔　　　　　　〕

(2) 下線②に関し，以下の文の中で誤りのあるものを1つ選び，記号で答えなさい。

　　ア　ミルは，人間には良心が備わっており，利己的な行為を規制するものとして，良心の責めという内的な制裁を重視した。

　　イ　「満足した豚であるよりは，不満足な人間である方がよく，満足した愚か者であるよりは，不満足なソクラテスである方がよい」というミルの言葉は質的功利主義を指している。

　　ウ　ミルは，法によって賞罰を与えることを重視し，社会全体の利益を増進するような法律の制定や，社会制度の構築を主張した。

　　エ　ミルは，「人から自分にしてもらいたいと思うことを，人にもしなさい」というイエスの言葉（黄金律）を功利主義の理想とした。〔　　　　　　〕

4 初期の実存主義

よく出る

次の文章を読んで，あとの問いに答えなさい。

実存主義の先駆者がキルケゴールとニーチェである。彼らは，主体性のある自分を取り戻すための思想を展開した。これが実存主義である。

(1) キルケゴールは，自己の実存にかかわる真理を何と呼んだか。〔　　　　　　〕

(2) ニーチェは，キリスト教道徳は奴隷道徳であるとしたが，背景にある感情は何だと言ったか。

〔　　　　　　〕

4 │ 現代の思想

│ STEP 1 │ 重要ポイント

1 現代の実存主義
- ① **ヤスパース** - ② **ハイデッガー**
- ③ **サルトル**

2 ロールズとセン

1 ロールズ
「無知のベール」がかかった「原初状態」で人々が選択するもの ⇒ ④ **公正としての正義**

2 セン…必要なのはケイパビリティ(潜在能力)の平等の確保・拡大

3 ヒューマニズム（人道主義）
- ⑤ **ガンディー** - ⑥ **シュヴァイツァー**
- ⑦ **マザー＝テレサ** - ⑧ **キング牧師**

4 生命倫理
生命工学(バイオテクノロジー)の発達・自己決定権の重視 ⇒ 生命倫理(バイオエシックス)

1 ⑨ 生命の誕生
①**人工授精・体外受精・代理出産** ⇒ 生命の誕生への介入が許されるか
②**出生前診断** ⇒ 妊娠中絶(命の選別)と女性の自己決定権との関係が問題

2 生命の終わり
①生命の質(QOL)を重視 ⇒ リヴィング・ウィル(生前の意思表示)　②⑩**安楽死**　③⑪**尊厳死**
④**終末期医療（ターミナル・ケア）** ⇒ ホスピス(末期患者を支える施設)

3 臓器移植
①**脳死**(脳の機能が不可逆的に停止) ⇒ 臓器移植可能　②⑫**臓器移植法**

4 遺伝子操作
- 人の遺伝情報(**ヒトゲノム**)の解析完了
  ⇒ 遺伝子治療・遺伝子組み換え作物
  ・クローン人間

5 再生医療
①失われた人体の組織，機能を取り戻す　②**ES細胞**(胚性幹細胞)・**iPS細胞**(人工多能性幹細胞)　③倫理上の課題が少ないiPS細胞は再生医療の切り札といわれる

① ヤスパース…人間は限界状況の中で超越者（包括者）の存在に気づく（実存に目覚める）

② ハイデッガー…人間は自己を見失い，世の中に埋没する（「ひと（ダス＝マン）」になる）⇒ 死の先駆的決意で良心の呼び声に応えて主体性を回復する

③ サルトル…人間は自由に自己をつくる（「実存は本質に先立つ」）⇒ しかしその責任は重い（「自由の刑」に処せられている）

④ **公正としての正義の内容（2つの原理）**

（**第一原理**）
自由はすべての人に平等に分配されなければならない（平等な自由の原理）。

（**第二原理**）（社会的・経済的不平等が許される2つの条件）
条件①
すべての人に機会が平等に与えられた結果としての不平等であること（機会均等の原理）。
条件②
最も不利な状況にある人々の利益の最大化をもたらす不平等であること（格差の原理）。

⑤ ガンディー…非暴力・不服従の抵抗運動で，インドのイギリスからの独立を実現した。

⑥ シュヴァイツァー…あらゆる生命を敬う生命への畏敬の精神でアフリカで医療奉仕活動をした。

⑦ マザー＝テレサ…カトリック修道女。インドで困窮者・孤児・病人という最も弱くて貧しい人々への奉仕活動に従事した。

⑧ キング牧師…アメリカ黒人解放運動の指導者。非暴力主義を貫いた公民権運動（差別撤廃と権利を求める運動）を展開した。ワシントン大行進で名演説。

⑨ **生命の誕生と生命倫理**

・人工授精…不妊の解消のため，女性の体内に精子を人工的に注入して授精させること。

・体外受精…不妊の解消のため，精子と卵子を体外で受精させること。

・代理出産…出産できない女性に代わり，受精卵を移植し出産すること。代理母の卵子で行う場合もある。

・出生前診断…出生前の段階で性別，障がいの有無など，胎児の状態を調べるもの。

⑩ 安楽死…苦痛からの解放をめざし，投薬などで積極的に死期を早める。

⑪ 尊厳死…末期患者に人間らしい自然な死を迎えさせる。

⑫ **2009年の臓器移植法の改正点**
1997年成立（本人の意思表示，家族の同意が必要）
2009年改正（提供拒否の意思表示がなければ家族の承諾のみで可。15歳未満からの臓器提供も可）

現代の実存主義

❶ ヤスパースは，人間は限界状況に直面した時に，自己を越え自己を存在させているあるものの存在に気づくとした。それは何か。　　　　　　〔　　　　　〕

❷ ハイデッガーは，自己のあり方を見失い，世の中に埋没している人間を何と呼んだか。　　　　　　　　　　　　　　　　　　　　　　　　　〔　　　　　〕

❸ ハイデッガーは，自分が死へとかかわる存在（死への存在）であることを自覚することを何と言ったか。　　　　　　　　　　　　　　　　　　〔　　　　　〕

❹ サルトルは，人間は自由だが選択した結果には全面的に責任を負わなくてはならない，という意味で，何の刑に処せられていると言ったか。　　〔　　　　　〕

ロールズとセン

❺ ロールズの理論に出てくる，一般的な知識は持っているが，自分個人に関する情報は何も持っていないという想定を何というか。　　　　　　　〔　　　　　〕

❻ ロールズは，無知のベールがかかった状態で，人々が合理的に選択するに違いないルールを何と呼んだか。　　　　　　　　　　　　　　　　　〔　　　　　〕

❼ センは，人間が望むさまざまな状態や行動である機能を実現できる能力を何と呼んだか。　　　　　　　　　　　　　　　　　　　　　　　　　〔　　　　　〕

生命倫理

❽ 自分の身体や命のあり方について，自分の意思に従って決めることができるという権利を何というか。　　　　　　　　　　　　　　　　　　　　〔　　　　　〕

❾ 出産できない女性に代わり，受精卵を移植し出産することを何というか。〔　　　　　〕

❿ 苦痛からの解放をめざし，投薬などで積極的に死期を早めることを何というか。　　　　　　　　　　　　　　　　　　　　　　　　　　　　　　〔　　　　　〕

⓫ 回復の見込みのない末期患者の生命維持装置をはずすなどして，人間らしい自然な死を迎えさせることを何というか。　　　　　　　　　　　　　〔　　　　　〕

⓬ 病気やけがで失われた人体の組織，器官，機能を取り戻そうとする医療を何というか。　　　　　　　　　　　　　　　　　　　　　　　　　　　〔　　　　　〕

⓭ 再生医療で利用される，人工多能性幹細胞を何というか。　　　　　　〔　　　　　〕

1　現代の実存主義

よく出る

次の３人の思想家と結びつく語句を，**ア～ク**からそれぞれ２つずつ選び，記号で答えなさい。

① ヤスパース　　② ハイデッガー　　③ サルトル

ア ダーザイン　　**イ** アンガージュマン　　**ウ** 世界内存在　　　　**エ** ルサンチマン

オ 限界状況　　**カ** ニヒリズム　　**キ** 「実存は本質に先立つ」　　**ク** 超越者

①〔　　　，　　　〕　②〔　　　，　　　〕　③〔　　　，　　　〕

2　ロールズとセン

次の文章を読んで，あとの問いに答えなさい。

　ロールズは社会生活を営むために誰もが望む権利や自由，機会，所得，富，自尊心などを社会的な 　①　 とし，その分配のあり方を社会契約説的な思考を用いて導いた。ロールズは，社会契約説で言えば，「自然状態」にあたる「　②　」と呼ぶ架空の状況を設定した。彼はここで人々が合理的に選択するに違いない正義のルールを導き，これを公正としての正義と呼んだ。公正としての正義の内容は２つの原理から構成される。第一原理は，自由はすべての人に平等に分配されなければならないという 　**A**　 の原理。第二原理は，社会的・経済的不平等が許される２つの条件を示すものであるが，条件１は，すべての人に機会が平等に与えられた結果としての不平等であるという 　**B**　 の原理。条件２は，最も不利な状況にある人々の利益の最大化をもたらす不平等であるという 　**C**　 の原理である。

(1) 空欄①・②に当てはまる語句を答えなさい。

①〔　　　　　　　〕　②〔　　　　　　　〕

よく出る (2) 空欄**A**～**C**に当てはまる語句を，**ア～エ**から選びなさい。

ア 格差　**イ** 平等な自由　**ウ** 実質的平等　**エ** 機会均等

A〔　　　〕　B〔　　　〕　C〔　　　〕

(3) インド出身の経済学者でノーベル経済学賞を受賞したセンは，ロールズと同じリベラリズムの立場から功利主義を批判した。リベラリズムとはどのような立場か。**ア～オ**から適するものを選びなさい。

ア 功利主義の立場を徹底し，民主主義の原理に立って社会の多数派の幸福の最大化をめざす立場。

イ 自由を重視するものの，少数者の権利を守るため，公正や平等にも配慮を示す立場。

ウ 福祉政策は，弱者を含めて人々の自由への侵害であるとし，自由の最大限の尊重をめざす立場。

エ 共同体のつながりを重視し，共同体の共通善をはかることで，社会的弱者の救済を考える立場。

オ 人々の自由を否定しても，社会的弱者の救済を行おうとする立場。　　　　　　〔　　　　〕

3　ヒューマニズム（人道主義）

次の文章を読んで，あとの問いに答えなさい。

　暴力や抑圧，差別や束縛，疎外など非人間的な状況から人々を解放し，人間性の回復をめざす思想や

運動を ⎡ I ⎤ という。代表的人物としてガンディー，シュヴァイツァー，キング牧師らがあげられる。

　ガンディーは，インドに生まれ，⎡ 2 ⎤ からの独立のために闘った。彼は①真理を把握しそれを自分自身と社会の中で実現していくことを基本精神に，非暴力・不 ⎡ 3 ⎤ の抵抗運動を貫き，独立を実現した。人々は彼を敬愛して ⎡ 4 ⎤ と呼んだ。

　シュヴァイツァーは，アルザス（現フランス領）に生まれ，神学者，音楽家であったが医学も学び，38歳でアフリカに渡り医療奉仕とキリスト教の伝道に従事した。この中で彼がたどり着いたのが②あらゆる生命を敬い，尊重する態度である。⎡ 5 ⎤ とも呼ばれ，ノーベル平和賞を受賞した。

　⎡ A ⎤ はインドで活躍したカトリック修道女である。神の声を聞き，困窮者・孤児・病人という最も弱くて貧しい人々への奉仕活動に従事した。活動はインド国外にも及び，ノーベル平和賞を受賞した。

　黒人解放運動の指導者キング牧師は，アメリカのジョージア州アトランタに生まれた。バス・ボイコット運動を指導し，連邦最高裁から，バスにおける人種隔離は違憲との判断を勝ち取った。キリスト教の隣人愛とガンディーの影響を受け，非暴力主義を貫き，③差別撤廃と権利を求める運動を展開した。1963年，20万人以上が参加した ⎡ 6 ⎤ 大行進で歴史に残る演説を行った。

よく出る (1) 空欄I〜6に当てはまる語句を下から選び，記号で答えなさい。

　　ア　密林の聖者　　イ　イギリス　　ウ　ワシントン　　エ　服従　　オ　リベラリズム

　　カ　参加　　キ　ヒューマニズム　　ク　フランス　　ケ　マハトマ

　　　I〔　　　　〕　2〔　　　　〕　3〔　　　　〕　4〔　　　　〕　5〔　　　　〕　6〔　　　　〕

(2) 空欄Aに当てはまる人物名を答えなさい。　　　　　　　　　　　　　　〔　　　　　　　　　　〕

(3) 下線①②③を意味する語句を答えなさい。

　　　　　　　①〔　　　　　　　〕　②〔　　　　　　　　　〕　③〔　　　　　　　　　　〕

▊4 生命倫理

以下の問いに答えなさい。

(1) 次の①〜⑦の語句の説明として適切なものを下から選び，記号で答えなさい。

　　①　リヴィング・ウィル　　②　ヒトゲノム　　③　ターミナル・ケア　　④　バイオエシックス

　　⑤　インフォームド・コンセント　　⑥　ホスピス　　⑦　バイオテクノロジー

　　ア　生命工学　　イ　生前の意思表示　　ウ　末期患者が安らかに過ごせる施設

　　エ　医師の説明を受けた同意　　オ　遺伝情報　　カ　生命倫理　　キ　終末期医療

　　　　　①〔　　　〕　②〔　　　〕　③〔　　　〕　④〔　　　〕

　　　　　⑤〔　　　〕　⑥〔　　　〕　⑦〔　　　〕

発展 (2) 出生前の段階で性別，障がいの有無など，胎児の状態を調べるものに出生前診断がある。出生前診断を認めることの問題点，認めないことの問題点を1つずつ指摘しなさい。

　　　　認めることの問題点〔　　　　　　　　　　　　　　　　　　　　　　　　　　　　　　〕

　　　　認めないことの問題点〔　　　　　　　　　　　　　　　　　　　　　　　　　　　　　〕

発展 (3) 1997年に臓器移植法が成立したが，この法は2009年に改正された。改正点を2つ説明しなさい。

　　　　　　　　　　　　〔　　　　　　　　　　　　　　　　　　　　　　　　　　　　　　　〕

　　　　　　　　　　　　〔　　　　　　　　　　　　　　　　　　　　　　　　　　　　　　　〕

定期テスト対策問題②

解答・解説は別冊 p.4

得点

/100

1 以下は「自由」に関して述べた思想家の主張である。あとの問いに答えなさい。

((2)の記述10点，他は各7点　計52点)

① 世界史とは自由の意識の進歩である。

② 実践理性にもとづいて自分の意志を自分で決めることを意志の自律と呼び，ここに<u>人間の真の自由</u>がある。

③ 他者（社会）に危害を加えない限り自由である。

④ 近代社会で<u>自由を獲得した人々はその自由のもたらす不安や孤独に耐えられず，自由であることから逃れようとした。</u>

⑤ 国家の段階に至り，国家の定める法や制度によって市民社会の矛盾や不平等は解決に向かい，<u>人間の真の自由</u>が実現する。

⑥ 心に逆らわず自由に遊ぶように生きる逍遥遊の境地に達した人間は真人である。

⑦ <u>人間は自由の刑に処せられている。</u>

(1) ①，③，⑥の中からミルの言葉を選びなさい。

(2) ②と⑤を唱えた思想家の名前をそれぞれ答えなさい。また②と⑤の<u>人間の真の自由</u>の実現の仕方の違いを説明しなさい。

(3) ④と⑦を唱えた思想家の名前をそれぞれ答えなさい。また④と⑦が共通して主張している内容を下の**ア～エ**の中から選びなさい。

　ア 現代の人間は表向きは自由だが，現実には不自由な生活をしていて，それに耐えている。

　イ 人間は欲望に打ち勝って不自由な生活をする中で成長するが，耐えられない者もいる。

　ウ 人間は，不自由のもたらす不安や孤独に耐えて，自由を獲得する義務を負っている。

　エ 自由には，孤独や不安の中で，自由に判断した結果に責任を負うという重荷が伴う。

(1)					
(2)	②				
	⑤				
(3)	④		⑦		共通の主張

2 次の文章を読んで，あとの問いに答えなさい。

(各6点　計30点)

　ルネサンスの自由な精神はキリスト教の信仰のあり方にも影響を与え，ルターやカルヴァンの宗教改革をもたらした。ルターは，①<u>信仰のよりどころは聖書のみ</u>とし，②<u>神の前ではすべての信仰者は平等であり，いわば司祭である</u>とした。

　カルヴァンは，人間は自らの職業を神から与えられた使命として励むことによって，神の救済

の予定を確信できるとした。カルヴァンの思想は営利活動を神への奉仕として肯定したため，新興の商工業者に受け入れられた。ドイツの社会学者　Ｉ　は，カルヴァンの思想が近代資本主義の精神を生み出す土壌となったと述べている。宗教改革によって生み出された新しいキリスト教の立場は，ローマ・カトリック教会のカトリシズム（旧教）に対して　2　と呼ばれる。

(1) ルネサンスに関する以下の文の中で誤っているものを１つ選び，記号で答えなさい。

　　ア　ルネサンスは，人間の尊厳を重んじ，人間性の回復をめざす人文主義（ヒューマニズム）という運動でもあった。

　　イ　中世は，教会の権威が崩れつつあったが，ルネサンスはギリシャ・ローマの古典文化を復興し，教会文化とも調和した文化を再興した。

　　ウ　ルネサンスとは，再生を意味する語であり，14世紀，ヨーロッパ，特にイタリアを中心に起こった文化運動である。

　　エ　ルネサンスは，人間らしさに満ちた人間中心の文化であり，人々は感情や欲望をあらわし，個性と才能を発揮した。

(2) 下線①・②を意味する語句を答えなさい。

(3) 空欄Ｉ・2に入る語句を答えなさい。

(1)			(2) ①			②	
(3)	Ｉ			**2**			

3　次の文章を読んで，あとの問いに答えなさい。　　　　　　　　（各6点　計18点）

　　かつて医療の現場では，命を持続させること以上に価値のあることはないという生命の尊厳を中心に治療が進められてきた。しかし，近年生命の質を重視する主張が強まっている。単に　Ａ　生きられたかではなく，　Ｂ　生きられたかを重視する立場である。

(1) 空欄**Ａ・Ｂ**に当てはまる語句を，下の**ア〜エ**から選びなさい。

　　ア　どれだけ最新の技術で　　　　**イ**　どれだけ自分らしく

　　ウ　どれだけ介護を受けないで　　**エ**　どれだけ長く

(2) 生命の質に関して，以下の文の中で誤っているものを１つ選び，記号で答えなさい。

　　ア　生命の質を重視する立場からは，末期患者が最後の時間を有意義に，安らかに過ごせるように支える施設であるホスピスは重要である。

　　イ　生命の質を重視する立場からは，末期の患者が苦痛に苦しむ場合には，本人の意思に反しても，投薬などで積極的に死期を早めることが認められる。

　　ウ　生命の質を重視する立場からは，インフォームド・コンセントなど患者の自己決定権を尊重することが重要である。

　　エ　尊厳死は，患者の意思にもとづき，回復の見込みのない末期患者の生命維持装置をはずすなどして人間らしい自然な死を迎えさせることであり，生命の質を重視する立場にかなう。

(1)	Ａ		Ｂ		(2)	

1 次の文を読んで，あとの問いに答えなさい。

　ある高校生は探究の学習のテーマとして「電車の優先席は必要か」について選び，「電車の優先席」について街角でインタビューをした。以下はインタビューの中で出てきた意見である。

A さん：このまえ席を譲られたのですが，譲ってくれた人は嬉しそうでした。私も幸せな気持ちになりました。①人間には他者の幸せを願う気持ちがもともと備わっています。だから優先席などというものをわざわざ設ける必要はないと思います。

B さん：最近の若者は自分勝手で人のことなんて考えられないと思います。②優先席をどんどん作っていって，優先席に座っているのがはずかしいって感情を持つように仕向けた方がいいですよ。そうすれば譲ると思います。それでいいと思います。

C さん：　　　　　　　　③　　　　　　　　だから優先席はなくすべきです。

D さん：私は昔席を譲られて，もうそんな年齢に見えるんだ，立っていて苦しそうに見えたのかなと考えて，ちょっとショックでした。譲られた時の思いは人それぞれで，素直に喜べない人もいるのだから，優先席などやめた方がいいと思います。

E さん：優先席なんて必要ないと思います。だって健康で座る必要のない人が，お年寄りや妊婦さんなど，立っていることがつらいかもしれない人に譲るのは，人間として当たり前のことです。優先という表示があろうとなかろうと，席を譲るべきです。

F さん：優先席を無視する人もいると思いますが，優先席という表示を見て席を譲る人も少なからずいると思います。いろんな考え方があると思いますが，優先席はあった方が，結果からみれば，幸せな状態の人，つまり席に座れる高齢者が増えるのだから，それは評価されるべきだと思います。あった方がいいと思います。

問題

(1)　下線①と同様の主張をすると考えられる思想家を下から 2 人選び，記号で答えなさい。

　　ア　ソクラテス　　**イ**　ミル　　**ウ**　ベーコン　　**エ**　ヤスパース　　**オ**　ヘーゲル

　　カ　孟子　　**キ**　老子　　　　　　　　　　　　　　　　　　〔　　　　〕〔　　　　〕

(2)　下線②の意見を，カントの立場とベンサムの立場から評価しなさい。

(3) 空欄③に入る適切な意見を，下から1つ選び，記号で答えなさい。

ア 優先席の扱いについては，デカルトの考え方に学ぶべきです。経験を重視するデカルトなら，高齢者と同居したり，介護するなどの経験がないから，高齢者の大変さが若い人に推測できない，その結果思いやりを持てない，と主張すると思います。若い人に，そういう経験をさせる必要があると思います。

イ 優先席の扱いについては，荀子の考え方に学ぶべきです。荀子は，人間は生まれつき欲望を持っており，利己的にふるまう傾向を持っていると言いました。従って放置すれば争いが起こると考え，法によって人々を規制する必要があるとしました。優先席などというあいまいな表示ではなく，高齢者など社会的弱者以外は着席禁止と表示すべきです。

ウ 優先席の扱いについては，ベンサムの考え方が参考になると思います。ベンサムは，個人がすべき行為を外部から働きかける制裁について，法によって賞罰を与える法律的制裁を重視し，社会全体の利益を増進するような法律の制定を主張しました。優先席を実施しても効果がなければ，法律による制裁を実施することを決めて対応するのがいいと思います。

エ 優先席の扱いについては，ロールズの考え方に学ぶべきです。ロールズの公正としての正義の中の，最も不利な状況にある人々の利益の最大化をもたらす不平等であることという格差の原理の考え方からすると，高齢者などを特別扱いする不平等をつくり出してしまう優先席をつくることは，正義だとはいえません。〔　　　〕

(4) **A・B・D・E・F**の意見の中で，古代ギリシャの代表的ソフィストであるプロタゴラスの主張に通じるものを選び，理由も説明しなさい。〔　　　〕

ヒント

(2) 下線②の意見は，要約すると，席を譲る動機はよくなくても，高齢者が座れればよい，ということを言っている。つまり高齢者が座れるという結果を重視しているのである。ここから，動機を重視するか，結果を重視するかということが，この問題のキーポイントであるとわかる。その点に着目して，2人の思想家を思い起こそう。そうすれば，カントは動機を重視し，ベンサムは結果を重視したことが思い出される。

(4) ソフィストとは，報酬を得て弁論術を教える弁論術教師である。彼らの思想の特徴は，あるものが美しいかどうかは一人ひとり違う，すなわち相対主義である。プロタゴラスはこのことを「人間は万物の尺度である」という言葉で端的に述べたソフィストである。従ってこの問題のポイントは，物事の受け取り方は一人ひとり違うという趣旨の意見を探すことである。

第1章　国家と人権と平和

1 ｜ 国家の諸原則

STEP 1 ｜ 重要ポイント

1 国家の諸原則と①法の役割

● 法は国家によって強制される社会規範

● **国家の3要素**…国民・②領域・主権

● 主権の3つの意味 ⇒ 国家の統治権・国政の最終決定権・国家権力の最高独立性

2 国家成立の思想

王権神授説（王の権力無制限）から社会契約説（王の権力を制約・自然権を承認）へ。

1 社会契約説の主な理論家

● **ホッブズ**…『リヴァイアサン』・「万人の万人に対する闘争」・絶対王政擁護。

● **ロック**…『市民政府二論』・抵抗権（革命権）・間接民主制 ⇒ アメリカ独立革命に影響。

● **ルソー**…『社会契約論』・一般意思（一般意志）・直接民主制 ⇒ フランス革命に影響。

3 人権保障の原理

● **法の支配**…権力者も法（自然法）に拘束される。

● **立憲主義**…憲法によって国家権力を制限し、国民の権利を守る。

● ③**権力分立**…権力を異なる機関に担当させ、抑制と均衡を図り、国民の権利を守る。

● **国民主権**…国民の意思で政治を行う。

4 人権の歴史

● **自由権**の確立…国家の不作為・国家からの自由・夜警国家

● **参政権**の確立…選挙権獲得運動（チャーチスト運動など）⇒ 普通選挙

● **社会権**の登場…自由競争 ⇒ 貧富・失業 ⇒ 国家が解決（国家による自由）

5 ④世界の主な政治制度

● **イギリスの議院内閣制**…下院の不信任決議に対して首相の解散権

● ⑤**アメリカの大統領制**…厳格な三権分立制で不信任決議権も解散権もなし。

● **中国の社会主義体制**…全国人民代表大会に権力集中（ただし共産党がすべてを統制）。

❶ **法の分類**

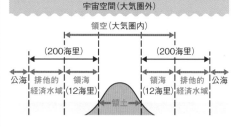

❷ **国家の領域**

❸ **権力分立の構造**

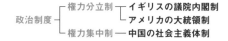

❹ **世界の主な政治制度**

政治制度 ┬ 権力分立制 ─ **イギリスの議院内閣制**
　　　　　│　　　　　　　　**アメリカの大統領制**
　　　　　└ 権力集中制 ── **中国の社会主義体制**

❺ **アメリカの大統領制**

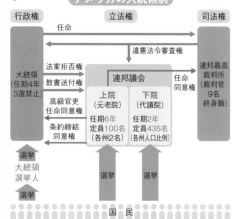

解答・解説は別冊 p.6

国家の諸原則と法の役割

❶ 国家の3要素をあげよ。 〔 ・ ・ 〕

❷ 領海と排他的経済水域は，それぞれ沿岸から何海里か。数字を答えよ。 〔 , 〕

国家成立の思想

❸ ホッブズは自然状態をどのように表現したか。 〔 〕

❹ 議会や政府に信託が裏切られた場合，国民は議会や政府を変えることが
できる。これをロックは何権と言ったか。 〔 〕

❺ ルソーは，共同体で一体となった人々の意思を何と呼んだか。 〔 〕

人権保障の原理

❻ 権力者も法（自然法）に拘束されるという原理を何というか。 〔 〕

❼ 権力を分割して異なる機関に担当させ，抑制と均衡を図り，国民の権利
を守るという原理を何というか。 〔 〕

人権の歴史

❽ 自由権は，国家権力が排除されるので，何と表現されるか。 〔 〕

❾ 参政権を求める労働者が求めた選挙のやり方は何か。 〔 〕

❿ 社会権は，国家の力で弱者に真の自由をもたらすので，何と表現されるか。〔 〕

世界の主な政治制度

⓫ イギリスで，国王が実質的な権限を持たないことを何と表現するか。 〔 〕

⓬ アメリカ大統領は可決された法案に対し，いかなる権限を持つか。 〔 〕

⓭ 中国で，最高権力機関であり，唯一の立法機関とされるのはどこか。 〔 〕

解答・解説は別冊 p.6

1 法の役割

次の文章を読んで，あとの問いに答えなさい。

国家は，決定への参加を国民に保障し，決定のルールを明確にしたうえで，法という形で国民を従わせる。この力を国家権力という。法について重要なのは，社会規範との関係である。<u>法や道徳，宗教，慣習など社会生活の基準となるものを社会規範という。</u>私たちはいろいろな社会規範に従って行動している。

よく出る (1) 下線部に関し，次の①〜③の事例は，どのような社会規範に従ったものか。空欄①〜③にあてはまる社会規範を下の**ア〜エ**の中から選び，記号で答えなさい。

① 赤信号なので立ち止まった。これは ① という社会規範に従ったものである。〔　　〕

② お年寄りに席をゆずった。これは ② という社会規範に従ったものである。〔　　〕

③ 結婚式で白いネクタイを着用した。これは ③ という社会規範に従ったものである。

ア 宗教　　**イ** 慣習　　**ウ** 法　　**エ** 道徳　　〔　　〕

(2) 法が，他の社会規範と異なる点はどこか。下から適するものを1つ選び，記号で答えなさい。

ア 法は，社会の中で繰り返し執行される点

イ 法は，国家権力によって強制される点

ウ 法は，個人と個人との関係を規定する点　　〔　　〕

(3) 以下の図の空欄①〜⑤に当てはまる語を下から選び，記号で答えなさい。

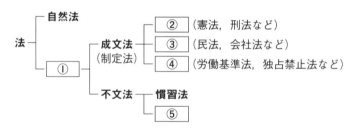

ア 公法　　**イ** 私法　　**ウ** 実定法　　**エ** 判例法　　**オ** 社会法

①〔　　〕 ②〔　　〕 ③〔　　〕 ④〔　　〕 ⑤〔　　〕

2 社会契約説と人権保障の原理

よく出る (1) 次の**ア〜カ**の文は，ホッブズ，ロック，ルソーに関するものである。誰に関するものか答えなさい。

ア 自由・平等を取り戻すために，人々は共同体をつくり，一般意思に主導されて，共同体は，人々の自由と平等を回復していくとした。〔　　〕

イ 間接民主制を支持し，アメリカ独立革命に影響を与えた。〔　　〕

ウ 統治者の役割を，各人の生命を保障することとし，結果的に絶対王政を擁護した。

〔　　〕

エ 信託が裏切られた場合は，国民はこれに抵抗し，代表や政府を変えることができる抵抗権を持つとした。〔　　〕

オ 自然状態を，人々が自分の生命を守るために争う「万人の万人に対する闘争」と表現した。

〔　　　　　　　〕

カ 間接民主制を否定し，直接民主制を主張し，フランス革命に影響を与えた。

〔　　　　　　　〕

(2) ①ホッブズ，②ロック，③ルソーの社会契約説に関する著書名をそれぞれ１つ答えなさい。

①〔　　　　　　　〕 ②〔　　　　　　　〕 ③〔　　　　　　　〕

---

3 世界の主な政治制度

よく出る (1) イギリスとアメリカの政治制度を示す２つの図の空欄①〜⑥に適語を入れなさい。②・⑤は漢字５字，⑥は漢字７字で答えること。

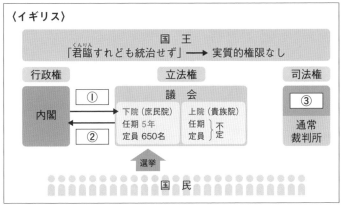

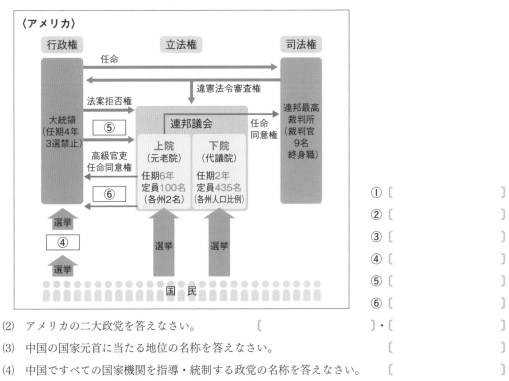

①〔　　　　　　　〕

②〔　　　　　　　〕

③〔　　　　　　　〕

④〔　　　　　　　〕

⑤〔　　　　　　　〕

⑥〔　　　　　　　〕

(2) アメリカの二大政党を答えなさい。 〔　　　　　〕・〔　　　　　〕

(3) 中国の国家元首に当たる地位の名称を答えなさい。 〔　　　　　〕

(4) 中国ですべての国家機関を指導・統制する政党の名称を答えなさい。 〔　　　　　〕

STEP 1 | 重要ポイント

1 日本国憲法の成立

1 ❶大日本帝国憲法（明治憲法）

● **強い天皇の力**

①欽定憲法・天皇主権・統治権の総攬者

②**統帥権の独立**

③外見的立憲主義

● **議会・内閣・裁判所**

①帝国議会（天皇の協賛機関）

衆議院と対等な貴族院が衆議院を抑える。

②内閣（各大臣は個別に天皇の輔弼機関）

③裁判所…**特別裁判所**が存在❷

● **臣民の権利**…法律の範囲内で認められる（**法律の留保**）。

2 日本国憲法

● ポツダム宣言受諾の結果，制定される

2 国民主権

1 象徴天皇制

● 天皇は❸**国事行為**のみ実施

「内閣の助言と承認」が必要

2 間接民主制と直接民主制

● **原則 ⇒ 間接民主制**

補助的に ⇒ ❹**直接民主制的制度**

3 憲法改正

● **硬性憲法（**❺**改正条件が厳しい）**

3 平和主義

1 憲法と自衛隊

● **第9条（戦力不保持）と自衛隊**…自衛隊は「自衛のための必要最小限度の実力」（自衛力）であり「戦力」ではない。

● **統治行為論**などで最高裁判所は判断せず。

2 防衛原則

● 専守防衛の原則

● **集団的自衛権**も行使可能

● 文民統制の原則

● 非核三原則

3 ❻安全保障の歴史

---

❶ 大日本帝国憲法下の政治制度

❷ 大日本帝国憲法下の特別裁判所

軍法会議・行政裁判所・皇室裁判所

❸ 天皇の国事行為

①内閣総理大臣の任命（第6条）

②最高裁判所長官の任命（第6条）

③憲法改正，法律，政令及び条約の公布（第7条）

④衆議院の解散（第7条）

❹ 4つの直接民主制的な制度

①最高裁判所裁判官の国民審査（第79条）

②地方（自治）特別法の住民投票（第95条）

③憲法改正の国民投票（第96条）

④地方自治における直接請求権（地方自治法）

❺ 憲法改正の手順（第96条）

1 両院ともに総議員の3分の2以上で発議

2 国民投票で過半数の賛成で承認

3 天皇が国民の名で公布

❻

年表でcheck!	
1950年	警察予備隊発足
1951年	日米安全保障条約締結
1954年	自衛隊発足
1960年	日米新安全保障条約締結
1978年	ガイドライン合意
1989年	冷戦終結
1991年	湾岸戦争
	自衛隊初の海外派遣
1992年	PKO協力法制定
1996年	日米安全保障共同宣言
1997年	新ガイドライン合意
1999年	新ガイドライン関連法制定
2001年	アメリカ同時多発テロ事件
	テロ対策特別措置法制定
	PKO協力法の改正
2003年	イラク復興支援特別措置法制定
2015年	新ガイドラインの改定
	安全保障関連法制定
	┌ 平和安全法制整備法
	└ 国際平和支援法

解答・解説は別冊 p.6

日本国憲法の成立

❶ 大日本帝国憲法は天皇がつくり国民に与えた。このような憲法を何と呼ぶか。　〔　　　　　〕

❷ 大日本帝国憲法では，軍を動かす天皇の権限は，議会や内閣も関与できないものであった。このことを何というか。　〔　　　　　〕

❸ 大日本帝国憲法下では，各国務大臣は，天皇の行政権の何機関とされたか。　〔　　　　　〕

❹ 大日本帝国憲法において，国民の権利（臣民の権利）は「法律の範囲内」で認められた。この限定を何というか。　〔　　　　　〕

❺ 国民主権の日本国憲法において天皇制はどのようになったか。　〔　　　　　〕

国民主権

❻ 天皇が国事行為を行うには，内閣の何が必要か。　〔　　　　　〕

❼ 天皇が国事行為として任命する 2 つの役職は何か。　〔　　　　　〕
　〔　　　　　〕

❽ 直接民主制的な制度として，最高裁判所裁判官に対しては何があるか。　〔　　　　　〕

❾ 憲法改正の発議には，衆議院・参議院ともに，総議員の何分の何以上の賛成が必要か。　〔　　　　　〕

平和主義

❿ 自衛隊のミサイル基地建設（北海道長沼町）に反対する住民と国が争った訴訟の名称は何か。　〔　　　　　〕

⓫ 同盟国への攻撃を自国への攻撃とみなして，自国が直接攻撃されていなくとも実力をもって阻止する権利を何というか。　〔　　　　　〕

⓬ 新日米安全保障条約の特徴は，不明確であったアメリカの日本防衛義務の明確化と，ある制度の導入である。ある制度とは何か。　〔　　　　　〕

⓭ 1992 年に制定された，自衛隊の PKO 参加を可能とする法律の名称は何か。　〔　　　　　〕

⓮ 2015 年の安全保障関連法は，平和安全法制整備法と何法からなるか。　〔　　　　　〕

⓯ 平和安全法制整備法では，ある事態において集団的自衛権の行使が限定的に可能となった。ある事態とは何か。　〔　　　　　〕

解答・解説は別冊 p.7

1 大日本帝国憲法・日本国憲法

次の文章を読み，あとの問いに答えなさい。

明治政府は，君主権が強いドイツ憲法を手本に 1889 年，天皇が強い権限を持つ大日本帝国憲法（明治憲法）を制定した。この憲法によって日本の立憲主義は始まったが，国民の権利保障が極めて不十分であった点から， ア 立憲主義とも呼ばれた。表面だけの立憲主義という意味である。大日本帝国憲法下の天皇の力は強大であった。主権は天皇にあり，天皇の持つ強い権限の中でも，軍を動かす天皇の統帥権は，議会や内閣も関与できないものであった。また天皇は統治権の イ 者であった。

よく出る (1) 空欄ア・イに当てはまる語を答えなさい。イは漢字 2 字で答えること。ア〔　　　　　　　〕

イ〔　　　　　　　〕

(2) 以下の文の中で誤っているものを 3 つ選び，記号で答えなさい。

　ア　日本国憲法では国民の権利は永久不可侵の基本的人権として保障され，法律の留保が認められた。

　イ　大日本帝国憲法下では，内閣総理大臣に国務大臣の任免権がなかったため，内閣総理大臣がリーダーシップを発揮できず，政治が混乱することがしばしばあった。

　ウ　大日本帝国憲法下で，衆議院は選挙によらず，天皇が任命した勅任議員らで構成された。

　エ　大日本帝国憲法下で，議会は帝国議会と呼ばれたが，天皇の持つ立法権の輔弼機関とされた。

　オ　大日本帝国憲法は天皇がつくり国民に与えた欽定憲法であった。

　カ　ポツダム宣言を受け入れたことにより，民主的な新憲法の制定が必要となり，日本国憲法が誕生した。　〔　　　　〕〔　　　　〕〔　　　　〕

2 国民主権

次の文章を読み，あとの問いに答えなさい。

日本国憲法は「日本国民は，正当に選挙された国会における ア を通じて行動し」，「その権力は国民の ア がこれを行使し」と定めて，間接民主制（議会制民主主義）を原則として採用している。しかしそれを補うものとして，議会を通さずに国民の意思が表明，行使される①直接民主制的な制度も補助的に採用されている。

日本国憲法第 98 条は，「この憲法は，国の最高法規であって，その条規に反する法律，命令，…国務に関するその他の行為…は，その効力を有しない」と定め，憲法の イ 性を宣言している。第 99 条では，天皇および，国務大臣・国会議員・裁判官その他の公務員は，憲法尊重擁護義務を負うと定めている。一方で憲法改正の手順も定められているが，通常の法律よりも厳しい改正手続きが定められている。一般の法律よりも改正に必要な条件が厳しい憲法を ウ 憲法といい，反対に，法律と同じ手続きで改正できる憲法を エ 憲法という。日本国憲法は ウ 憲法である。

よく出る (1) 空欄ア〜エに当てはまる語を答えなさい。

　　　　ア〔　　　　　　　〕イ〔　　　　　　　〕ウ〔　　　　　　　〕

　　　　エ〔　　　　　　　〕

(2) 次の語句の中で下線①に当てはまらないものを2つ選び，記号で答えなさい。

ア 刑事補償請求権 　　**イ** 地方特別法の住民投票 　　**ウ** 最高裁判所裁判官の国民審査

エ 憲法改正の国民投票 　　**オ** 地方自治における直接請求権 　　**カ** 法定（適正）手続きの保障

〔　　　〕〔　　　〕

---

3 平和主義

右の年表について，以下の問いに答えなさい。

よく出る(1) 年表の空欄①～⑤に当てはまるものを，下の**ア**～**オ**から選び，記号で答えなさい。

ア 湾岸戦争　　**イ** テロ対策特別措置法制定

ウ アメリカ同時多発テロ事件　　**エ** PKO協力法制定

オ 冷戦終結

①〔　　　〕②〔　　　〕③〔　　　〕

④〔　　　〕⑤〔　　　〕

(2) 防衛原則の1つである文民統制は次のように具体化されている。空欄**ア**～**エ**に入る語句を答えなさい。

内閣総理大臣・国務大臣は **ア** であり，自衛隊の最高指揮監督権は **イ** が持つ。重要事項は **ウ** で審議され，自衛隊の出動には **エ** を必要とする。

ア〔　　　　　　　〕**イ**〔　　　　　　　〕

ウ〔　　　　　　　〕**エ**〔　　　　　　　〕

(3) 年表の3つの下線部分**a b c**の，それぞれの特徴を述べた文を**ア**～**エ**から選び，記号で答えなさい。

ア 凍結されていたPKF（国連平和維持軍）本隊業務への自衛隊の参加を解除した。

イ 国連決議と国会の承認で，自衛隊の派遣が常時可能となった。

ウ 日本の平和と安全に重要な影響を与える事態などに対応する周辺事態法などで構成される。

エ 存立危機事態においては集団的自衛権の行使が限定的に可能となった。

a〔　　　〕b〔　　　〕c〔　　　〕

(4) 有事（戦争など）における，政府や自衛隊，国民の対応を定める法体系を何というか。

〔　　　　　　　　　　　　　　〕

(5) 核兵器に対して日本が持っている原則は何か。 〔　　　　　　　　　　〕

発 展(6) 統治行為論とはどのような考え方か。説明しなさい。

〔　　　　　　　　　　　　　　　　　　　　　　　　　　　〕

1950 年	警察予備隊発足
1951 年	日米安全保障条約締結
1954 年	自衛隊発足
1960 年	日米新安全保障条約締結
1978 年	ガイドライン合意
1989 年	①
1991 年	②
	自衛隊初の海外派遣
1992 年	③
1996 年	日米安全保障共同宣言
1997 年	新ガイドライン合意
1999 年	a 新ガイドライン関連法制定
2001 年	9月 ④
	⑤
	PKO協力法の改正
2003 年	イラク復興支援特別措置法制定
2015 年	新ガイドラインの改定 安全保障関連法制定 {b 平和安全法制整備法 c 国際平和支援法

3 | 日本国憲法の原理 II

1 人権の種類／平等権

1 人権の種類と人権保障の限界

● ❶人権の種類

● 人権保障の限界

・**「公共の福祉」**による制約

・憲法は原則，国民相互間には効力無し
（但し間接的に適用する場合もあり）

2 平等権

● ❷形式的平等と実質的平等

2 自由権

1 精神の自由

● 思想・良心の自由

● 信教の自由（政教分離の原則）

● 表現の自由（❸検閲の禁止・通信の秘密）

● 学問の自由（大学の自治）

2 ❹人身の自由

● **法定（適正）手続きの保障** ┐ 内容の適正も
● 罪刑法定主義 ┘ 必要

3 経済の自由

● 職業選択の自由 ┐ 公共の福祉による
● 私有財産制度 ┘ 幅広い制約

3 社会権と参政権・請求権

1 社会権

● 生存権…❺**プログラム規定説**（朝日訴訟）

● 教育を受ける権利…義務教育の無償（保護者に義務）

● 労働基本権…勤労権と労働三権

2 参政権・請求権

● 参政権（選挙権・国民投票など）

● 請求権（請願権・国家賠償請求権など）

4 新しい人権

1 新しい人権

● 知る権利…情報公開法（条例） ┐
● プライバシーの権利 ├ 主に **13条**が根拠
● 環境権…環境基本法など ┘

❶
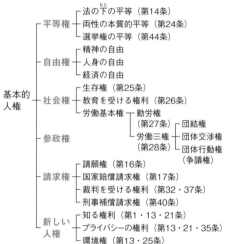

基本的
人権

平等権
┬ 法の下の平等（第14条）
├ 両性の本質的平等（第24条）
└ 選挙権の平等（第44条）

自由権
┬ 精神の自由
├ 人身の自由
└ 経済の自由

社会権
┬ 生存権（第25条）
├ 教育を受ける権利（第26条）
└ 労働基本権 ┬ 勤労権（第27条）
└ 労働三権（第28条）┬ 団結権
├ 団体交渉権
└ 団体行動権（争議権）

参政権

請求権
┬ 請願権（第16条）
├ 国家賠償請求権（第17条）
├ 裁判を受ける権利（第32・37条）
└ 刑事補償請求権（第40条）

新しい
人権
┬ 知る権利（第1・13・21条）
├ プライバシーの権利（第13・21・35条）
└ 環境権（第13・25条）

❷ **形式的平等と実質的平等**

・形式的平等 ⇒ 法的な扱いが一律に等しいこと（誰でも投票は一人一票など）

・実質的平等 ⇒ 格差やハンディキャップを是正した平等のこと（目の不自由な人に特別な投票方法を認めるなどの合理的根拠のある区別をしたもの）

❸ **表現の自由を守るための2つの制度**

・検閲の禁止
公権力（政府や警察など）が出版物などの内容を事前にチェックし，出版を差し止めることを禁止する。

・通信の秘密
手紙や電話，電子メールなどの内容が公権力（政府や警察など）によって知られないこと。

❹ **人身の自由に関する憲法の規定**

・18条 奴隷的拘束・苦役からの自由

・31条 法定（適正）手続きの保障

・33・35条 令状主義
（現行犯の場合を除いて，裁判官の出す令状がなければ逮捕・捜索・押収されない）

・36条 拷問と残虐な刑罰の禁止

・37条 弁護人依頼権

・38条 黙秘権
（自己に不利益な供述を強要されない権利）

❺ **プログラム規定説**

25条は，国民に具体的な権利を与えたものではなく，国家の努力目標を示した規定である（この理論では，国会や内閣が幅広い裁量権を持ち，裁判所による救済は困難になる）。

人権の種類／平等権

❶ 憲法は平等権について，第14条で法の下の平等を保障しているが，第24条では，何の平等を保障しているか。　〔　　　　　　　　〕

❷ 平等には形式的平等と実質的平等があるが，格差やハンディキャップを是正した平等のことを何というか。　〔　　　　　　　　〕

自由権

❸ 自由権は3つからなる。精神の自由，人身の自由と何か。　〔　　　　　　　　〕

❹ 信教の自由を保障するため，制度として国家と宗教が結びつくことを禁じる原則を何というか。　〔　　　　　　　　〕

❺ 表現の自由を守るための2つの制度は，検閲の禁止と何か。　〔　　　　　　　　〕

❻ 学問の自由を守るために，大学が国家権力など外部の圧力や干渉を受けずに運営されるという原則を何というか。　〔　　　　　　　　〕

❼ 国会が制定した法律の定める手続きによらなければ，逮捕・処罰されないと定める憲法第31条は，何を保障する規定か。　〔　　　　　　　　〕

社会権と参政権・請求権

❽ 社会権は3つの権利からなる。生存権と教育を受ける権利と何か。　〔　　　　　　　　〕

❾ 憲法第25条は，国民に具体的な権利を与えたものではなく，国家の努力目標を示した規定とする説を何というか。　〔　　　　　　　　〕

❿ 公務員の不法行為による損害に対し，国や地方公共団体に損害賠償を請求できる権利を何というか。　〔　　　　　　　　〕

新しい人権

⓫ 知る権利のため，1980年代から地方公共団体で制定されてきたものは何か。　〔　　　　　　　　〕

⓬ 私生活をみだりに公開されない権利を何というか。　〔　　　　　　　　〕

⓭ 開発が自然環境に与える影響を，事前に調査・予測・評価することを定めた法を何というか。　〔　　　　　　　　〕

解答・解説は別冊 p.7

1 人権の種類と人権保障の限界

次の文章を読み，あとの問いに答えなさい。

憲法が規定する人権は平等権・自由権・社会権・参政権・ ア 権の5つに分類される。さらに明文の規定のない イ 権が主張されている。

憲法は人権を「最大限の尊重を必要とする」（第13条）とする一方，人権保障にも限界があり， ウ によって制約されることも明記している。例えば表現の自由が他者の私生活の平穏を侵害（表現の自由と エ の権利が衝突）する場合に，表現の自由を制約する場合などである。さらに憲法は公法であり，公権力を持つ国家と個人との関係を規定する。

従って，憲法は， A 。これが原則である。

(よく出る)(1) 空欄ア～エに当てはまる語を答えなさい。

ア〔　　　　　〕 イ〔　　　　　　　　〕 ウ〔　　　　　　　〕

エ〔　　　　　〕

(2) 空欄Aに当てはまる文を下から1つ選び，記号で答えなさい。

ア 相手が国家ではない地方公共団体と個人との紛争には効力を持たない

イ 相手が個人ではない国家間の紛争には効力を持たない

ウ 相手が国家ではない国民相互の紛争には効力を持たない

エ 相手が個人ではない企業間の紛争には効力を持たない 〔　　　　〕

(よく出る) 2 人身の自由

次の文章を読み，空欄ア～カに当てはまる語を答えなさい。

人身の自由を奪ってきた最大のものは，不当な逮捕と恐ろしい裁判である。それが二度と起こらないよう，憲法第18条では奴隷的拘束・ ア からの自由を定め，第33・35条では イ 逮捕の場合を除いて，裁判官の出す ウ がなければ逮捕・捜索・押収がされない ウ 主義，第36条では拷問と残虐な刑罰の禁止，第37条では エ 依頼権，第38条では自己に不利益な供述を強要されない オ 権が規定されているが，最大のポイントは第31条である。第31条の条文から，国会が制定した法律の定める手続きによらなければ，逮捕・処罰されないこと，さらに形式的に法律に定められているだけではなく，内容も適正であることが必要であることが導かれる。また，あらかじめ犯罪と刑罰が明確に定められていなければならないという カ 主義の原則もこの条文から導かれる。

ア〔　　　　　〕 イ〔　　　　　　　　〕 ウ〔　　　　　　　〕

エ〔　　　　　〕 オ〔　　　　　　　　〕 カ〔　　　　　　　〕

3 　社会権

次の文章を読み，あとの問いに答えなさい。

　①社会権とは，国民が国家に人間らしく生きることの保障を求める権利である。憲法第25条から28条で保障されている。憲法第25条1項で，「すべて国民は，健康で文化的な　**ア**　の生活を営む権利を有する」と規定し，　**イ**　を保障している。ただし，最高裁判所は第25条に関し，プログラム規定説に立っている。さらに人間らしく生きるためには，教育を受けて能力を生かし，働いて社会貢献することが必要である。それが，教育を受ける権利と労働基本権である。教育を受ける権利を保障する憲法第26条は，教育を受ける権利とその権利を平等に与える教育の　**ウ**　，　**エ**　の無償も定めている。労働基本権は，第27条の保障する　**オ**　権と第28条の保障する労働三権で構成される。

よく出る (1) 空欄**ア〜オ**に当てはまる語を答えなさい。

ア〔　　　　　　　〕　イ〔　　　　　　　　　〕　ウ〔　　　　　　　　　〕

エ〔　　　　　　　〕　オ〔　　　　　　　　　〕

(2) 下線①に関連する以下の文の中で正しいものを1つ選び，記号で答えなさい。

ア プログラム規定説に関する有名な判例には，朝日訴訟と堀木訴訟がある。

イ 労働三権とは，団結権，団体行動権，争議権である。

ウ 憲法第26条は，児童・生徒に教育を受ける義務を課している。

エ プログラム規定説では，裁判所が幅広い裁量権を持ち，その判断が尊重される。　〔　　　　　〕

4 　新しい人権

次の文章を読み，あとの問いに答えなさい。

　憲法制定時には想定されていなかったが，社会の変化に伴って徐々に認められ，確立されてきた権利を新しい人権という。新しい人権には，知る権利，プライバシーの権利，環境権などがある。新しい人権は，憲法第　**ア**　条の幸福追求権などによって保障される。

　知る権利は，国民が，国や地方公共団体の保有する情報を知ることができる権利であり，　**イ**　を受け手側からとらえたものである。プライバシーの権利は，私生活をみだりに公開されない権利であるが，現在では自己に関する情報を自分で管理するという積極的側面も加わった。環境権は，良好な環境のもとで生活する権利である。

よく出る (1) 空欄**ア・イ**に当てはまる語を答えなさい。

ア〔　　　　　　　〕　イ〔　　　　　　　　　〕

(2) 以下の**ア〜キ**の法律・判例は，①知る権利，②プライバシーの権利，③環境権のいずれと最も関連するか。①，②，③で答えなさい。

ア 環境基本法　　　　**イ** 個人情報保護法　　**ウ** 情報公開法　　　　**エ** 特定秘密保護法

オ 大阪空港騒音訴訟　**カ** 『宴のあと』事件　**キ** 『石に泳ぐ魚』事件

ア〔　　　〕　イ〔　　　　〕　ウ〔　　　　〕　エ〔　　　　〕　オ〔　　　　〕

カ〔　　　〕　キ〔　　　　〕

1 次の文章を読んで，あとの問いに答えなさい。 (各5点 計20点)

　国家と呼ばれるためには，メンバーである国民と一定の領域，そして主権を持つことが必要である。国民・領域・主権の3つを国家の三要素という。領域は，陸と海と空で区切られる。

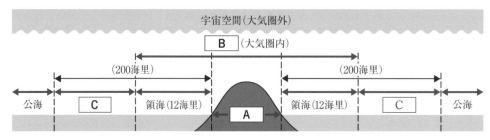

宇宙空間(大気圏外)

B (大気圏内)

(200海里) (200海里)

公海 | C | 領海(12海里) | A | 領海(12海里) | C | 公海

(1) 上の図の空欄**A〜C**に当てはまる語を答えなさい。

(2) 国家は時代とともにさまざまな変化を遂げてきた。またそれとともに，人権も人権宣言も，変化を遂げてきた。社会権を加えた人権宣言のさきがけとされる憲法の名称を答えなさい。

(1)	A		B		C	
(2)						

2 次の問いに答えなさい。 (各4点 計40点)

(1) 以下の**ア〜カ**の文は，①自由権，②参政権，③社会権のいずれかに関するものである。どれに関するものか，①〜③で答えなさい。

　ア 社会的・経済的弱者が，人間に値する生活の保障を国家に求める権利である。

　イ この権利の確立の背景には，イギリスのチャーチスト運動など労働者たちによる権利獲得のための運動があった。

　ウ 国家による国民生活への干渉を排除する，国家に不作為を求める権利である。

　エ 市民革命は，「財産と教養」を持つ市民階級が遂行したため，この権利もはじめは市民階級に限られて保障されていた。

　オ この権利は，「国家による自由」とも表現され，この権利の登場で，国家は福祉国家に移行していった。

　カ この権利が生まれた時代の国家観は，国民生活に干渉しない夜警国家であった。

(2) ①「法の支配」，②「立憲主義」，③「権力分立」，④「国民主権」という人権保障の4つの原理と直接結びつくものをそれぞれ下から選び，**ア〜エ**で答えなさい。

　ア モンテスキューの著書『法の精神』

　イ 「人民の，人民による，人民のための政治」というリンカーンの言葉

　ウ 王であってもコモン・ロー（慣習法）には従わなければならない。

　エ 憲法によって国家権力を制限し，国民の権利を守る。

(1)	ア		イ		ウ		エ		オ		カ	
(2)	①		②		③		④					

3 以下の文の下線部分には明らかに誤っている部分が1つずつある。誤っている部分を記号で指摘し，正しい語句を答えなさい。 (記号：各2点，語句：各4点　計30点)

(1) アメリカでは上院・下院ともに_ア大統領への不信任決議権はなく，大統領にも_イ両院の解散権はない。_ウ下院には行政府の長官や連邦最高裁判所裁判官などの_エ高級官吏任命への同意権，_オ条約締結への同意権が認められ，大統領の権力への歯止めとなっている。

(2) イギリスの政党制は，_ア保守党と_イ民主党による_ウ二大政党制である。政権をとっていない側の政党は，_エシャドー・キャビネットを組織して，次の政権担当に備える。

(3) _ア社会主義体制の中国では，最高権力機関であり，唯一の_イ立法機関とされる_ウ最高人民法院に権力が集中する形がとられている。権力が集中するこうした体制を_エ権力集中制という。

(4) アメリカの大統領は，_ア任期6年で_イ3選禁止である。大統領は議会に対し，立法や予算審議を促す_ウ教書送付権を持っている。政党制は_エ民主党と_オ共和党による二大政党制である。

(5) イギリスは，議院内閣制のもとで三権が密接に連携する，_アゆるやかな三権分立制をとっている。国王はいるが，「君臨すれども統治せず」の原則に従い，実質的な権限はない。イギリス憲法はまとまった法典を持たない_イ不文憲法である。_ウマグナ・カルタなどの歴史的文書やコモン・ローと呼ばれる_エ制定法，裁判所の判例などの集合体が，憲法の役割を果たしている。

(1)			(2)			(3)		
(4)			(5)					

4 以下の文の下線部分には明らかに誤っている部分が1つずつある。誤っている部分を記号で指摘し，正しい語句を答えなさい。 (記号：各2点，語句：各3点　計10点)

(1) _ア砂川事件で，一審の地方裁判所は，自衛隊は第9条2項で禁止する_イ戦力であり，_ウ憲法違反と判断した。二審の高等裁判所は，_エ統治行為論を使い，憲法判断をしなかった。最高裁判所は，_オ訴えの利益なしとして住民側の請求を棄却し，憲法判断をしなかった。

(2) 自衛権には_ア個別的自衛権と_イ集団的自衛権がある。長年政府は，「日本は独立国としてどちらの権利も持っているが，集団的自衛権の行使は_ウ憲法違反」としていたが，2014年，_エ憲法の条文を変え，集団的自衛権の行使を限定的に可能とした。

(1)			(2)		

次の文を読んで，あとの問いに答えなさい。

　ある高校生が調べ学習の一環で，「公共」で学習したテーマに関わる文献を調査し，以下のⅠ～Ⅷの文献をピックアップした。

Ⅰ　「天皇は，日本国の象徴であり日本国民統合の象徴であつて，この地位は，主権の存する日本国民の総意に基く。」（日本国憲法第1条）

Ⅱ　「われらは，いづれの国家も，自国のことのみに専念して他国を無視してはならないのであつて，政治道徳の法則は，普遍的なものであり，この法則に従ふことは，自国の主権を維持し，他国と対等関係に立たうとする各国の責務であると信ずる。」（日本国憲法前文）

Ⅲ　「カイロ宣言ノ条項ハ履行セラルベク又日本国ノ主権ハ本州，北海道，九州及四国竝ニ吾等ノ決定スル諸小島ニ局限セラルベシ」（ポツダム宣言8項）

Ⅳ　「日本国民は，正当に選挙された国会における代表者を通じて行動し，われらとわれらの子孫のために，諸国民との協和による成果と，わが国全土にわたつて自由のもたらす恵沢を確保し，政府の行為によつて再び戦争の惨禍が起ることのないやうにすることを決意し，ここに主権が国民に存することを宣言し，この憲法を確定する。」（日本国憲法前文）

Ⅴ　問題は，それぞれの構成員と財産を共同の力を使って守り保護し，そうすることで個人を全体と結合させる一方，自分自身だけにしか従わず，また以前と同じくらい自由である結合体（共同体）の形を見つけることである。…われわれはそれぞれの身体と全ての力を一般意思の指導の下におき，それぞれのメンバーを共同体の分割できない一部分として受け入れる。…一般意思の行使にほかならない主権は譲渡されることは決してなく，また集合体にほかならない主権はそれ自身によって以外代表されることはない。…それは本質的に一般意思の中にあり，意思は代表されることを許さない。…したがって①議員は一般意思の代表者ではなく代表者になりうることもない。…

Ⅵ　人間は本来，自由，平等で独立していて，誰も本人の同意なしにはこの状態を奪われることはない。社会契約をする目的は，快適，安全，平和に生活し，自身の財産を持ち，さらに外部に対するより大きな安全を得るためである。…立法府が人々の生命，自由，財産を意のままにしようとした時，立法府は彼らに与えられた信託に反したことになる。…したがって立法府が…その野心，愚かさ，腐敗などのいずれかによって人々の生命や自由や財産を超える絶対的な力を立法府自身…の手の中に委ねようとしたときには，立法府は国民から与えられていた力を失う。その時国民は，社会契約の目的である自身の安全と安心のため，②新しい立法府を設立し，本来の自由を回復する権利を持っている。…

Ⅶ　国民議会として組織されたフランス人民の代表者たちは，…厳粛な宣言の中で，人の譲渡不能かつ神聖な自然権を提示することを決意し…，…一そう尊重するため，…常に憲法の維持およびすべての者の幸福に向うものとなるため，…人および市民の権利を承認し，かつ宣言する。

　　　　第1条　　人は，自由かつ権利において平等なものとして出生し，かつ生存する。…

　　　　第2条　　あらゆる政治的団結の目的は，人の消滅することのない自然権を保全することである。

　　　　第3条　　あらゆる主権の原理は，本質的に国民に存する。…

　　　　第16条　権利の保障が確保されず，権力の分立が規定されていないすべての社会は，憲法をもつものでない。

Ⅷ　第151条1項　経済生活の秩序は，③すべての者に人間たるに値する生活を保障する目的をもつ正義の原則に適合しなければならない。…

　　　　第153条1項　所有権は憲法によって保障される。…

　　　　　　　3項　所有権は義務を伴う。その行使は，同時に　④　に役立つべきである。…

問題

(1)　主権には，**A**［国家の統治権］・**B**［国政の最終決定権］・**C**［国家権力の最高独立性］の3つの意味がある。**Ⅰ**～**Ⅳ**の文の中の「主権」は**A**・**B**・**C**のいずれの意味で使われているか。**A**～**C**で答えなさい。

　　　　　　　　　　　　　　　Ⅰ〔　　　　　〕　Ⅱ〔　　　　　〕　Ⅲ〔　　　　　〕　Ⅳ〔　　　　　〕

(2)　**Ⅴ**と**Ⅵ**は2人の思想家の著作からの抜粋である。それぞれの人名を答えなさい。

　　　　　　　　　　　　　　　　　　　Ⅴ〔　　　　　　　　〕　Ⅵ〔　　　　　　　　〕

(3)　**Ⅴ**と**Ⅵ**の下線①と②は何を主張しているか。**ア**～**オ**から1つずつ選びなさい。

　　ア　立法権　　　　**イ**　自己保存の権利　　**ウ**　直接民主制　　**エ**　絶対王政

　　オ　社会契約　　　**カ**　間接民主制　　　　**キ**　抵抗権　　　　①〔　　　〕　②〔　　　〕

(4)　**Ⅶ**はフランス人権宣言の抜粋である。**Ⅶ**（抜粋された部分）について述べた以下の文の中で<u>誤っているもの</u>を1つ選び，記号で答えなさい。

　　ア　**Ⅶ**にあげた文言の中には，明確に権力分立の原理を示す記述がある。

　　イ　**Ⅶ**にあげた文言の中には，明確に法の支配の原理を示す記述がある。

　　ウ　**Ⅶ**にあげた文言の中には，明確に国民主権の原理を示す記述がある。

　　エ　**Ⅶ**にあげた文言の中には，明確に立憲主義の原理を示す記述がある。　　　〔　　　　　〕

(5)　**Ⅷ**はワイマール憲法の一部である。下線③は何権を保障しているか答えなさい。

　　　　　　　　　　　　　　　　　　　　　　　　　　　　　　　　〔　　　　　　　　　〕

(6)　**Ⅷ**の空欄④に入る語句を5字で答えなさい。　　　　　　　　　〔　　　　　　　　　〕

第 2 章　政治のしくみ

1 │ 政治機構

STEP 1 │ 重要ポイント

1 国会

1 国会の地位と権限

- 二院制…❶衆議院と参議院
- 議員の特権…①歳費特権②不逮捕特権
  ③免責特権
- 国会の権限 ⇒ ①❷両院が 1 つで行使
  ②両院が別々に行使（国政調査権など）
- ❸衆議院の優越
- 国会の種類…常会・臨時会・特別会
- 委員会制度…常任委員会・特別委員会

2 内閣

1 内閣の地位と議院内閣制

- 議院内閣制…①総理大臣は国会議員から
  ②国務大臣も過半数は国会議員から選出
- 内閣…①閣議（全会一致制［全員の賛成］）
  ②総理大臣 ⇒ 内閣の首長（国務大臣を任免）
- 解散…不信任決議に対抗して解散（第 69 条）
  不信任決議なくとも解散（第 7 条）

3 裁判所

1 司法権の独立と裁判制度

- 司法権の独立…強い身分保障（身分を奪える
  のは弾劾裁判・国民審査などに限定）
  ②規則制定権③特別裁判所の禁止
- 民事裁判と刑事裁判（検察官が起訴）
- 三審制（←上訴）と再審

2 違憲法令審査権と国民の司法参加

- 違憲法令審査制 ⇒ 最高裁（憲法の番人）
- 国民の司法参加 ⇒ 裁判員制度・検察審査
  会（起訴議決制度）

4 地方自治

1 地方自治の原則としくみ

- 地方自治の本旨…団体自治・住民自治
- 地方議会と首長…①不信任と解散
  ②どちらも住民が直接選挙
- ❹直接請求権・住民投票条例

2 地方分権の流れ

- 地方分権の推進 ⇒ ❺地方分権一括法

---

❶ **二院制の構造**

国会

	衆議院		参議院
任期	4 年	任期	6 年
定数	465 名	定数	248 名
{ 小選挙区	289	{ 選挙区	148
比例代表	176	比例代表	100
被選挙権	25 歳以上	被選挙権	30 歳以上
解散	あり	解散	なし

❷ 両院が 1 つの国会として行使するもの
- 法律の制定（第 41・59 条） ● 予算の議決（第 60・86 条）
- 条約の承認（第 61・73 条） ● 内閣総理大臣の指名（第 67 条）
- 弾劾裁判所の設置（第 64 条） ● 憲法改正の発議（第 96 条）

❸ 衆議院の優越

法律案の議決 （第 59 条）	議決不一致 ⇒ 衆議院が出席議員の 3 分の 2 以上の多数で再可決すれば成立。両院協議会（衆参両院 10 名ずつの代表による話し合い）を開くことも可能。なお参議院が 60 日以内に議決しない時も，衆議院は参議院の否決とみなして再可決。
予算の議決 （第 60 条） 条約の承認 （第 61 条） 内閣総理大臣の 指名（第 67 条）	議決不一致で，両院協議会（必須）でも意見が不一致ならば，衆議院の議決が国会の議決となる。参議院が一定期間内（予算・条約は 30 日，総理指名は 10 日）に議決しない時にも，衆議院の議決が国会の議決となる。
予算の先議権 （第 60 条）	予算は先に衆議院に提出される。
内閣不信任決議 権（第 69 条）	内閣不信任決議は衆議院にしかできない。

❹ 直接請求権

	請求の種類	必要署名数	請求先
	条例の 制定・改廃	有権者の 50 分の 1 以上	首長
	監査		監査委員
	議会の解散	原則として 有権者の 3 分の 1 以上	選挙管理委員会
解職	議員・首長		選挙管理委員会
	副知事・ 副市町村長など		首長

❺ 地方分権一括法制定前後の違い

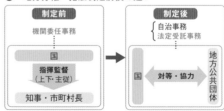

解答・解説は別冊 p.9

国会

❶ 国会は，憲法第 41 条で，国権の最高機関であって，国の何と規定されるか。　〔　　　〕

❷ 国会議員の 3 つの特権は，不逮捕特権・免責特権と何か。　〔　　　〕

❸ 衆議院と参議院の議決が不一致の場合に開かれる，両院の代表による話し合いを何というか。　〔　　　〕

❹ 衆議院の解散総選挙から 30 日以内に召集され，内閣総理大臣の指名を行う国会を何というか。　〔　　　〕

内閣

❺ 内閣が議会の信任の上に成り立ち，議会に責任を負う制度を何というか。　〔　　　〕

❻ 内閣総理大臣は，内閣の何と位置付けられるか。　〔　　　〕

❼ 憲法第 69 条は，内閣が衆議院の不信任決議を受けた場合，何日以内の衆議院解散か，内閣総辞職を求めているか。　〔　　　〕

❽ 内閣の方針を決める閣議は，何制のもとで行われるか。　〔　　　〕

裁判所

❾ 職務上の義務に違反して罷免の訴追を受けた裁判官について，辞めさせるかどうかの判断をする裁判所を何というか。　〔　　　〕

❿ 最高裁判所は，違憲法令審査権の最終判断を下すことから，何と呼ばれるか。　〔　　　〕

⓫ 2009 年よりスタートした，殺人罪など，一定の重大犯罪の刑事裁判に国民が参加する制度を何というか。　〔　　　〕

⓬ 総合法律支援法にもとづき，設立された市民の相談窓口を何というか。　〔　　　〕

地方自治

⓭ 地方自治の本旨は，2 つの原則からなる。団体自治と何か。　〔　　　〕

⓮ 地方公共団体が独自に制定する自主法の名称は何か。　〔　　　〕

⓯ 直接請求権には，条例の制定・改廃，議会の解散，解職の請求以外に何があるか。　〔　　　〕

解答・解説は別冊 p.9

1 国会と内閣

次の文章を読んで，あとの問いに答えなさい。

国会の地位は，憲法第41条により，「国会は，　ア　であつて，国の唯一の立法機関である」と規定されている。国会議員には，自由な活動を保障するため，歳費特権・不逮捕特権・免責特権の3つの特権がある。

国会の議決は，両院の議決の一致により成立するが，以下の場合には衆議院の優越が認められている。法律案の議決では，議決不一致の場合，衆議院で，　イ　議員の　ウ　以上の多数で再可決すれば成立する。予算の議決・　エ　の承認・内閣総理大臣の指名では，議決不一致で，両院協議会を開いても意見が一致しないとき，衆議院の議決が国会の議決となる。また　オ　権が衆議院にあり，予算は必ず先に衆議院に提出され，審議される。

法律案は，国会議員または内閣から議長に提出され，委員会で細かく審議される。委員会では，学識経験者や利害関係者の意見を聞く　カ　が開かれることもある。

憲法は，「行政権は，内閣に属する」と定め，内閣を行政権の担当者としたうえで，内閣が議会の信任の上に成り立ち，議会に対して責任を負う①議院内閣制を採用した。

よく出る (1) 空欄ア〜カに当てはまる語を答えなさい。

ア 〔　　　　　　　　〕　イ 〔　　　　　　　　〕　ウ 〔　　　　　　　　〕
エ 〔　　　　　　　　〕　オ 〔　　　　　　　　〕　カ 〔　　　　　　　　〕

(2) 内閣が法律の実施などのために定める政令に対し，衆議院・参議院・最高裁判所が手続き事項や内部規律等について定めるものを何というか。　〔　　　　　　　　〕

(3) 下線①の議院内閣制に関する憲法上の決まりを述べた以下の文のうち，誤りのあるものを1つ選び，記号で答えなさい。

ア 内閣総理大臣は衆議院議員の中から指名される。

イ 衆議院は内閣不信任決議を行うことができる。

ウ 内閣は国会に対して連帯して責任を負う。

エ 国務大臣の過半数は国会議員から選出される。

オ 内閣は衆議院の解散を決定することができる。　〔　　　　〕

2 裁判所

次の文章を読んで，あとの問いに答えなさい。

裁判の公正を図るため，憲法第76条は，「すべて裁判官は，その　ア　に従ひ独立してその職権を行ひ，この憲法及び　イ　にのみ拘束される」と規定し，司法権の独立を明確にした。このため裁判官は強い身分保障を受け，国会が設置する弾劾裁判所，衆議院総選挙の際の　ウ　による場合などを除いては罷免されない。さらにすべて司法権は最高裁判所および下級裁判所に属すると定め，明治憲法下では認められていた　エ　の設置を禁止した。

(1) 空欄**ア〜エ**に当てはまる語を答えなさい。

ア〔　　　　　　　　　〕 イ〔　　　　　　　　　　　　〕 ウ〔　　　　　　　　　　　〕

エ〔　　　　　　　　　〕

よく出る(2) 司法権の独立が問題となった事件を次から2つ選び，記号で答えなさい。

　ア 財田川事件　　**イ** 大津事件　　**ウ** 免田事件　　**エ** 松山事件　　**オ** 島田事件

　カ 平賀事件　　　　　　　　　　　　　　　　　　　　　〔　　　　〕〔　　　　〕

(3) 例外的に判決確定後に裁判をやり直すことを何というか。　　　〔　　　　　　　　　〕

3　地方自治

次の文章を読んで，あとの問いに答えなさい。

　イギリスの政治学者　**ア**　は「地方自治は民主主義の　**イ**　」と述べた。「民主主義」とは何かを「地方自治」を通して学んでいく，という意味である。憲法第92条は「地方自治の　**ウ**　」という言葉で地方自治の原則を規定するが，内容は，団体自治と住民自治の2つの原則からなる。地方自治のしくみは　**エ**　法に定められている。地方公共団体には，地方議会（都道府県議会・市町村議会）と首長（都道府県知事・市町村長）が置かれ，両者は方針を決める　**A**　機関と，実行に移す　**B**　機関の関係に立つ。

よく出る(1) 空欄**ア〜エ**に当てはまる語を答えなさい。

ア〔　　　　　　　　　〕 イ〔　　　　　　　　　　　　〕 ウ〔　　　　　　　　　　　〕

エ〔　　　　　　　　　〕

(2) 空欄**A・B**に当てはまる語の組み合わせとして正しいものを次から1つ選び，記号で答えなさい。

　ア　A−議決　　B−執行　　　　**イ**　A−自主　　B−委任

　ウ　A−採決　　B−自治　　　　**エ**　A−発案　　B−監督　　　〔　　　　〕

(3) 直接請求権をまとめた下表の空欄**ア〜エ**に当てはまる語を答えなさい。

請求の種類		必要署名数
ア の 制定・改廃		有権者の **ウ** 以上
監査		
議会の解散		原則として 有権者の **エ** 以上
イ	議員・首長	
	副知事・ 副市町村長 など	

ア〔　　　　　　　　　〕 イ〔　　　　　　　　　　　　〕 ウ〔　　　　　　　　　　　〕

エ〔　　　　　　　　　〕

| STEP 1 | 重要ポイント

1 選挙

1 選挙の原則と選挙制度

- **❶選挙の4原則**…普通・平等・直接・秘密
- **選挙制度**…①小選挙区制（1選挙区から1名）
  ②大選挙区制（1選挙区から2名以上）
  ③比例代表制（政党の得票数に比例して議席配分）

2 日本の選挙制度

- **❷衆議院の選挙制度**…小選挙区比例代表並立制
- **❸参議院の選挙制度**…選挙区と比例代表区
- **選挙をめぐる問題**…①議員定数の不均衡問題
  ②公職選挙法（戸別訪問の禁止・連座制）

2 政党政治

1 政党と圧力団体

- **政党制**…**一党制**（一党独裁）・**二大政党制**
  （イギリス・アメリカ）・**多党制**（フランス・ドイツ・日本 ⇒ 連立政権）
- **圧力団体**…①集票と政治献金で圧力（但し政権の獲得はめざさない）②圧力団体の代理人…ロビイスト（日本では族議員）

2 日本の政党政治…55年体制と崩壊

- **55年体制**…自由民主党・日本社会党が中心
- **多党化**…中道政党（公明党・民社党）など
- **55年体制の崩壊**（非自民連立政権成立）
  ⇒ 小選挙区比例代表並立制・政党助成法
- 自民党の政権復帰

3 行政国家の課題

- **行政国家の肥大化**…①**❹**官僚支配
  ②**❺**鉄の三角形（政・官・財の癒着）
- **行政の民主化** ⇒ ①**❻**行政委員会による中立・公正な行政の確保②オンブズマン制度の導入③法律による行政の透明化（国家公務員制度改革基本法など）
- **行政改革**…①行政のスリム化・効率化 ⇒ 独立行政法人の導入・特殊法人の廃止・民営化②政治主導の確立 ⇒ 内閣府の設立・副大臣大臣政務官の設置・党首討論制度

❶ 選挙の4原則
- 普通選挙…性別，財産などによる制限がない選挙。反対語は制限選挙。
- 平等選挙…一人一票で，かつ一票の価値が平等な選挙。反対語は不平等選挙。
- 直接選挙…間に人を入れず，候補者に直接投票する選挙。反対語は間接選挙。
- 秘密選挙…誰がどの候補者に投票したかわからないしくみで行う選挙。反対語は公開選挙。

❷ 衆議院の選挙制度

定数465名
- 289名（全国289の小選挙区）
- **176名（全国11ブロック※の比例代表制）**

※北海道，東北，北関東，南関東，東京，北陸信越，東海，近畿，中国，四国，九州

特徴 ①拘束名簿式比例代表制
（名簿順位で当選・政党名で投票）
②小選挙区と比例代表区の重複立候補が可能
③重複立候補者は名簿順位を同一にして惜敗率で順位を決めることもできる

❸ 参議院の選挙制度

定数の半分※1
124名
- 74名（原則として都道府県を一つの選挙区とし※2，1～6人を改選）
- 50名（全国1ブロックの比例代表制）

※1 定数の半分ずつ3年ごとに選挙
※2 例外として2県で1つの選挙区となっている区域もある

特徴 ①非拘束名簿式比例代表制
②選挙区と比例代表区の重複立候補不可

❹ 官僚支配
①高い能力で政策決定に大きな影響力
②内閣提出法案・委任立法の増加
③許認可権・補助金・行政指導による民間支配

❺ 鉄の三角形

※ 矢印は便宜を与えること

政治献金・集票　省庁予算の確保
許認可・補助金の口利き　政治家の地元への予算配分
天下りの受け入れ
許認可・補助金の優遇

❻ おもな行政委員会

行政委員会名	業務内容
人事院	公務員の給料・労働条件の勧告
国家公安委員会	警察行政の統括・調整
中央労働委員会	労働争議の調整
公正取引委員会	独占禁止法の実施・運用
公害等調整委員会	公害紛争の調整・解決

選挙

❶ 民主的な選挙の4原則は，普通選挙・平等選挙・直接選挙と何か。〔　　　　　　　〕

❷ 1選挙区から2名以上を当選とする選挙制度の名称を何というか。〔　　　　　　　〕

❸ 衆議院の選挙制度の名称を答えなさい。〔　　　　　　　〕

❹ 衆議院選挙において，小選挙区と比例代表区の両方に立候補することを何というか。〔　　　　　　　〕

❺ 参議院の比例代表区では，原則として候補者の名簿にあらかじめ順位はつけられていない。この選挙制度を何というか。〔　　　　　　　〕

❻ 候補者と特定の関係にある者が選挙違反を犯して有罪が確定した場合，その候補者の当選を無効にする制度を何というか。〔　　　　　　　〕

政党政治

❼ 特殊利益実現のため，議員・政党などに圧力をかける集団を何というか。〔　　　　　　　〕

❽ 1993年まで続いた，与党の自由民主党（自民党）と野党の日本社会党が対立しながら政治を進めた体制を何というか。〔　　　　　　　〕

❾ 非自民連立政権のもとで制定された，政党の政治資金の公費助成を定めた法は何か。〔　　　　　　　〕

❿ 政治に関心はあるものの，支持する政党を持たない人々を何というか。〔　　　　　　　〕

行政国家の課題

⓫ 中央省庁など行政機関で働く上級の公務員を何というか。〔　　　　　　　〕

⓬ 複雑な行政に対応した法律を国会が作れず，法律では大枠だけを決め，細部の規定は行政部（官僚）にまかせるやり方を何というか。〔　　　　　　　〕

⓭ 政（政治家）・官（官僚）・財（企業）の癒着を何というか。〔　　　　　　　〕

⓮ 行政から独立した者が，中立・公正の立場から行政の活動を調査し，是正勧告するシステムを何というか。〔　　　　　　　〕

⓯ 競争原理の導入などで運営の効率化を図るため，国の研究所・博物館・学校などを省庁から独立させた法人を何というか。〔　　　　　　　〕

⓰ 総理大臣を長とし，強い権限で政策の総合調整（縦割り行政の排除）を行う省庁を何というか。〔　　　　　　　〕

解答・解説は別冊 p.10

1 選挙

次の文章を読み，あとの問いに答えなさい。

民主的な選挙には4つの基本原則がある。第一が普通選挙。性別，財産などによる制限がない選挙をいう。第二が平等選挙。一人一票で，かつ，①一票の価値が平等な選挙をいう。第三が直接選挙。間に人を入れず，候補者に直接投票する選挙をいう。第四が秘密選挙。だれがどの候補者に投票したかわからないしくみで行う選挙をいう。

代表的な選挙制度には②小選挙区制・大選挙区制・比例代表制の3つがある。選挙のルールは［ ア ］法で定められている。なお，日本では［ イ ］が禁止されている。［ イ ］とは，投票を依頼する目的をもって有権者宅を訪問することである。買収を防ぐことが目的とされるが，表現の自由，政治活動の自由の観点から問題だという指摘もある。

(1) 空欄**ア・イ**に当てはまる語を答えなさい。

ア〔　　　　　　　　　〕 イ〔　　　　　　　　　〕

(2) 下線①に反するとして問題になっているのは，何の不均衡か。漢字4字で答えなさい。

〔　　　　　　　　　〕

(3) 下線②に関して，一般論として3つの選挙制度を比べた場合に長所・短所となるものを，下の**ア～カ**から選びなさい。

（ⅰ）比例代表制の長所となるものを2つ選びなさい。　〔　　〕〔　　〕

（ⅱ）小選挙区制の短所となるものを2つ選びなさい。　〔　　〕〔　　〕

（ⅲ）大選挙区制の短所となるものを1つ選びなさい。　〔　　〕

（ⅳ）小選挙区制の長所となるものを1つ選びなさい。　〔　　〕

ア 死票が大量に発生する。　　　　**イ** 少数党が議席を得られず多様な民意が反映されにくい。

ウ 死票が少ない。　　　　　　　　**エ** 2大政党制になり，政局が安定する。

オ 小党分立となり政局が不安定となる。　　**カ** 政党の獲得議席数が得票数と比例し公平である。

2 政党政治

次の文章を読み，あとの問いに答えなさい。

政党制には，一党制，二大政党制，多党制がある。二大政党制は，大きな2つの政党があって，交互に政権を担当するパターンで，イギリス・アメリカが有名である。

自分たちの特殊利益実現のために，議員・政党・官庁に，圧力をかける集団を圧力団体といい，経営者団体，労働団体，業界団体，消費者団体などがある。圧力をかける手段は，組織力を背景とした［ A ］や，［ B ］などである。政党との違いには，［ C ］をめざさない点にある。なお，特定の政策分野に精通し，その分野の圧力団体と結んで官庁などに働きかけを行う議員を［ ア ］という。アメリカでは圧力団体の代理人として政策実現への働きかけを行う者を［ イ ］という。

よく出る (1) 空欄**A～C**に当てはまる語の組み合わせとして正しいものを下から１つ選び，記号で答えなさい。

　　ア　**A**－不買運動　　**B**－政治献金　　　**C**－連立政権

　　イ　**A**－集票　　　　**B**－政党助成金　　**C**－連立政権

　　ウ　**A**－不買運動　　**B**－政党助成金　　**C**－政権の獲得

　　エ　**A**－集票　　　　**B**－政治献金　　　**C**－政権の獲得　　　　　　　〔　　　　〕

(2) 空欄**ア・イ**に当てはまる語を答えなさい。

　　　　　　　　　　　　　　　　　　　　ア〔　　　　　　　　　〕イ〔　　　　　　　　　〕

3　行政国家の課題

次の文章を読み，あとの問いに答えなさい。

　肥大化した行政を遂行するのが①官僚である。官僚とは，中央省庁などの行政機関で働く上級の公務員のことであるが，高度な専門知識を持ち，大きな力を持っている。このような状況下で，②行政権を担当する内閣のもとで働く官僚が法律案をつくり，国会に提出するパターンが多い。さらに官僚は，幅広い裁量権を持っており，これが政・官・財の癒着をもたらしている。

　問題解決のためには，行政の民主化が必要である。そのためには，③行政委員会による中立・公正な行政の確保，オンブズマン制度の導入などがあげられる。オンブズマン制度は，国政レベルではいまだに設置されていないが，地方レベルでは　ア　市が1990年に導入して以来，各地に広がりつつある。

(1) 空欄**ア**に当てはまる語を答えなさい。　　　　　　　　　　　　　〔　　　　　　　　　〕

発展 (2) 下線①に関連し，官僚制の研究で有名なドイツの社会学者の名を答えなさい。

　　　　　　　　　　　　　　　　　　　　　　　　　　　〔　　　　　　　　　〕

(3) 下線②のような法案を何というか。　　　　　　　　　　　〔　　　　　　　　　〕

(4) 下線③に関する以下の表の空欄**A～D**に入る，国の行政委員会の名称を答えなさい。

行政委員会名	業務内容
A	公務員の給与・労働条件の勧告
B	警察行政の統括・調整
C	労働争議の調整
D	独占禁止法の実施・運用

　　　　　　　　　　　　　　A〔　　　　　　　　　〕B〔　　　　　　　　　〕

　　　　　　　　　　　　　　C〔　　　　　　　　　〕D〔　　　　　　　　　〕

定期テスト対策問題④

解答・解説は別冊 p.11

得点

/100

1 次の文章を読んで，あとの問いに答えなさい。 ((1)各10点，(2)～(6)各7点　計69点)

　国会は①二院制をとり，衆議院と参議院で構成されている。国会議員には，自由な活動を保障するため②3つの特権がある。国会の権限には，両院が1つの国会として（合同で）行使するものと，各院が別々に単独で行使するものとがある。両院が1つの国会として行使するものには，法律の制定，予算の議決，条約の承認，内閣総理大臣の指名，弾劾裁判所の設置，憲法改正の発議などがある。両院が別々に単独で行使するものとして，③国政調査権，内閣不信任決議権などがある。内閣不信任決議権は④衆議院の優越がある場合の1つである。なお，政治主導の確立のため，⑤さまざまな施策が行われている。また，三権分立の観点から，三権は，互いに牽制させることで⑥抑制と均衡を図る関係にある。

(1) 下線①の二院制の長所を2点あげなさい。

(2) 下線②の3つの特権に関連する以下の文の中で，誤っているものを2つ選びなさい。

ア 国会議員の行った行為が，院外における現行犯罪の場合は，会期中であっても，またその院の許諾がなくとも逮捕される。

イ 国会議員は院内での発言や表決について，院外で民事や刑事の法的責任を問われない。

ウ 会期前に逮捕された国会議員は，その議院の要求があれば，会期中は釈放しなければならない。

エ 国会議員はいかなる場合でも，議院の許諾がある場合を除いて，会期中には逮捕されない。

オ 議員が国庫から受ける歳費については，その任期中に，減額することは禁止されている。

(3) 下線③の国政調査権に関する以下の文の中で，誤っているものを2つ選びなさい。

ア 国政調査権は，国政全般に関する調査を行い，証人の出頭・証言や記録の提出を求めることができる権限である。

イ 三権分立や司法権の独立の観点から，国政調査権で，裁判の判決の内容を調査し，批判を加えるようなことはできない。

ウ 国政調査権は犯罪の疑いのある場合に行使されるものである。

エ 国政調査権はそれぞれ単独でもつが，行使は衆議院と参議院の一致で行われる。

(4) 下線④の衆議院の優越に関する以下の文の中で，誤っているものを1つ選びなさい。

ア 内閣総理大臣の指名において，衆議院と参議院の議決が不一致の場合で，参議院が，国会休会中の期間を除いて10日以内に議決しないときには，衆議院は，参議院が否決したものとみなし，再可決の手続きをとることができる。

イ 法律案において，参議院が，国会休会中の期間を除いて60日以内に議決しないときは，衆議院は，参議院が否決したものとみなし，再可決の手続きをとることができる。

ウ 予算や条約の承認において衆議院と参議院の議決の不一致の場合で，両院協議会を開いても意見が一致しないときには，衆議院の議決が国会の議決となる。

エ 法律案における衆議院と参議院の議決の不一致の場合には両院協議会を開いても開かなくてもよいが，予算の議決，条約の承認，内閣総理大臣の指名における不一致の場合には，必

ず両院協議会を開かなくてはならない。

(5) 下線⑤に関連し，政治の活性化のため 1999 年に制定された法は何か。

(6) 下線⑥に関連し，司法権の権限で，司法権から立法権，行政権への抑制となるものは何か。

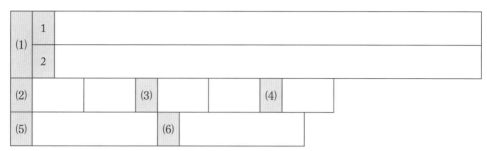

(1)	1	
	2	
(2)		(3)		(4)	
(5)		(6)	

2 次の文章を読んで，あとの問いに答えなさい。　　　((1)各 8 点，(2) 7 点　計 31 点)

　日本の地方自治の基盤は弱く，3 割自治といわれてきた。自治体自身の仕事やお金は 3 割程度しかないという批判的な比喩であり，不十分な自治を意味している。

　かつて地方公共団体の仕事には，国から強い指揮監督を受ける機関委任事務が多く，地方が国に支配される原因をつくってきた。財政面も同じで，地方財政を支える財源も，不十分なものであった。しかし現在はこのような状況を改善するために①地方の権限を拡大する地方分権が推進されている。

(1) 空欄**ア〜ウ**に当てはまる語を答えなさい。

自主財源	**イ** 税	住民から徴収する住民税など。 使途は特定されない。
ア 財源	地方交付税	自治体間の財政力の格差是正のため，国から交付されるもの。 使途は特定されない。
	ウ	地方が行う特定の事業のために国から交付されるもの。 使途は特定される。一般に補助金といわれる。
	地方債	特定の事業の経費にあてるために地方が債券を発行して行う借入金。国との協議のうえ，発行される。 使途は特定される。

(2) 下線①に関連する以下の文の中で，誤っているものを 1 つ選びなさい。

　ア　機関委任事務は廃止され，地方公共団体の事務は自治事務と法定受託事務に再編成された。

　イ　地方公共団体の行政の効率化や財政の基盤強化のため，市町村の合併が強力に推進され，各地で合併が進められ，平成の大合併と呼ばれた。

　ウ　条例にもとづく住民投票には法的拘束力はなく，首長や議会には投票結果に従う法的な義務はない。

　エ　法的拘束力はないが，大阪市を解体して東京都のような特別区に再編する「大阪都」構想の是非を問う住民投票が大都市地域特別区設置法にもとづいて 2 度行われたが，2 度とも否決された。

| (1) | **ア** | | **イ** | | **ウ** | |
| (2) | | | | | | |

1 次の文章を読んで，あとの問いに答えなさい。

　私たちは，総理大臣を誰にするか，ゴミの焼却場をどこに建設するか等，いろいろなことを決めなくてはならない。民主主義は多数決によって運営されると言われるが，集団で物事を決めるときによく用いられるのが①単純多数決，②決選投票（のルールのついた多数決），③ボルダ・ルールである。

方法	内容
①単純多数決	最も多くの支持を得たものに決める。
②決選投票	1回目の投票で1位と2位になったもので決選投票をする。
③ボルダ・ルール	選択肢が3つある場合，投票者は1位，2位，3位を決定して投票する。1位に3点，2位に2点，3位に1点を与えるなどの形で得点を集計し，総得点に応じて当選者を決める。

　具体的にやってみよう。40人のクラスで修学旅行の行き先を話し合い，どこに行くかを決めようとした。候補地は3つ。京都と沖縄と北海道。1位から3位まで順位を決めて投票してもらったところ，投票結果は以下の3通りとなった。

順位＼人数	16人	14人	10人
1位	京都	沖縄	北海道
2位	北海道	北海道	沖縄
3位	沖縄	京都	京都

問題

以下の文のうち誤っているものを1つ選び，記号で答えなさい。

ア　沖縄支持派は「京都を1位に選んだのはたった16人。残りの24人は京都を選びたくないと思っている」と主張した。

イ　決選投票だと，京都と沖縄で決選投票することになる。1回目に北海道に入れた生徒は2位の沖縄に投票するので，沖縄に決定する。

ウ　ボルダ・ルールだと，京都72点，沖縄78点，北海道76点となり，沖縄に決定する。

エ　北海道は誰にとっても1位か2位で，広い支持を集めている。

オ　単純多数決だと，京都に決定する。　　　　　　　　　　　　　　　　〔　　　　　〕

2 次の文章を読んで，あとの問いに答えなさい。

　ある高校で，全校生徒が体験学習の一環として模擬投票をおこなった。選挙制度は，現在の衆議院（小選挙区比例代表並立制）をモデルにした。投票の結果，各政党の得票数は，X党906票，Y党602票，Z党300票となった。続いて生徒代表から選ばれた選挙管理委員会が，比例代表制で5人の当選者

の決定に入った。

　　ア　　方式では次の(1)(2)の手順で議席を決めていく。(1)各政党の得票数を1，2，3…と整数で順に割った商を出す。(2)商の大きい順に定数まで議席を配分する。結果は，以下のようになった。

表A

政党	X党	Y党	Z党
得票数	906 票	602 票	300 票
1 で割る	906	602	300
2 で割る	イ	ウ	150
3 で割る	エ	201	100
4 で割る	227	151	75

（小数点以下四捨五入）

続いて選挙管理委員会は，当選者名の決定に入った。X党は，以下の名簿（順位）を届けていた。

表B

名簿順位	候補者名	選挙結果
1 位	人物A	
2 位	人物B	重複立候補。小選挙区で当選
3 位	人物C	
4 位	人物D	重複立候補。小選挙区で当選者 12 万票に対し 8 万 4 千票で落選
	人物E	重複立候補。小選挙区で当選者 10 万票に対し 8 万票で落選
6 位	人物F	

問題

(1) 　ア　 に当てはまる語を答えなさい。　　　　　　　〔　　　　　　　〕

(2) 表Aの 　イ　 ～ 　エ　 に当てはまる数字を答えなさい。

　　　　　　　　　　　　イ〔　　　　　〕 ウ〔　　　　　〕 エ〔　　　　　〕

(3) 表Aと表Bに関して述べた以下の文の中で誤っているものを2つ選び，記号で答えなさい。

　ア　DとEは，ともに小選挙区で落選しているが，同一順位なので，小選挙区での惜敗率で順位を付ける。

　イ　比例代表での政党別当選者は，X党3人，Y党1人，Z党1人である。

　ウ　名簿2位のBは小選挙区で当選したので比例の名簿から削除され，C・D・E・Fは順位が1つずつ繰り上がる。

　エ　X党から比例代表で当選するのは，A・C・Eである。

　オ　比例代表での政党別当選者は，X党3人，Y党2人，Z党0人である。

　カ　DとEは，ともに小選挙区で落選したが，EよりもDのほうが惜敗率が高いので，Dの順位がEよりも高くなる。

　　　　　　　　　　　　　　　　　　　　　　　　　〔　　　　　〕〔　　　　　〕

第3章　経済のしくみ

1 ｜ 市場のしくみと現代の企業

STEP 1 ｜ 重要ポイント

1 資本主義と社会主義

1 ①資本主義と社会主義の違い
- 資本主義の欠点（景気変動・貧富の格差）
- 社会主義の欠点（非効率・労働意欲の低下）

2 資本主義の歴史
- ① **②産業資本主義**…アダム゠スミスの自由放任，夜警国家（小さな政府）
- ② **③独占資本主義**…資本の集積・集中
- ③ **④修正資本主義**…ケインズの有効需要政策，福祉国家（大きな政府）
- ④ **⑤反ケインズ主義**の台頭…フリードマンのマネタリズム，新自由主義

3 社会主義の歴史
- **マルクス**が理論化（科学的社会主義）
  - ⇒ やがて非効率と労働意欲の低下
- 市場原理を導入した社会主義
  - ⇒ 中国（改革・開放政策）

2 市場のしくみ

1 ⑥経済主体と経済循環

2 需要曲線と供給曲線
- 価格の自動調節機能
- 価格弾力性
- 需要曲線・供給曲線のシフト

3 市場の失敗
- 独占・寡占の形成
- 外部効果の存在
- 公共財の不足
- 所得格差の発生
- 景気変動による失業の発生

4 現代の市場の特徴
- 規模の利益 ⇒ ⑦**寡占市場**

3 現代の企業
- 企業と会社
- ⑧株式会社
- 所有と経営の分離
- 現代型巨大企業

① 資本主義と社会主義の違い

資本主義		社会主義
私有（資本家）	生産手段	公有（国・協同組合など）
市場経済（国家は不介入）	経済活動	計画経済（国家が管理）
あり	利潤動機	なし
あり	階級対立	なし

② 産業資本主義
①小規模な企業がたくさん存在し，市場で自由競争。
②国家は経済（市場）にも国民生活にも介入しない。

③ 独占資本主義
①勝ち残った企業が大規模化（資本の集積・集中）
②少数の大企業が主要な産業を支配する。

④ 修正資本主義
①自由放任をやめ，国家が市場に介入して有効需要政策を行う。有効需要とは，購買力に裏づけられた需要のこと。有効需要政策とは，有効需要を増減させ景気を調整する政策（ケインズ主義）。
②社会保障によって貧富の格差解消を行う。

⑤ 反ケインズ主義
①1970年代以後，ケインズ主義の弊害（インフレ，財政赤字）が目立ち，反ケインズ主義（フリードマンが主張したマネタリズムなど）が台頭。
②ケインズ主義の行き過ぎた市場介入をやめ，市場機構・自由競争を重視。小さな政府をめざす。

⑥ 経済主体と経済循環

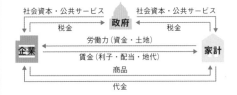

⑦ 寡占市場の特徴
①資本の集中…カルテル・トラスト・コンツェルン
②価格の下方硬直性…プライスリーダーの管理価格
③非価格競争
　⇒ 依存効果・デモンストレーション効果
④独占禁止政策
　⇒ 独占禁止法・公正取引委員会・持株会社解禁

⑧ 株式会社の特徴
①資本金…小口の株式で有限責任のため出資しやすい
②株主…配当を受け，株主総会で議決権行使
③株主総会…最高意思決定機関

解答・解説は別冊 p.12

資本主義と社会主義

❶ 資本主義経済では私有が認められている，生産活動に必要な土地・機械・工場などのことを何というか。 〔　　　　　　　　　　〕

❷ 小規模な企業が多く存在し，市場で自由競争が行われた初期の資本主義の段階を何というか。 〔　　　　　　　　　　〕

❸ 修正資本主義を理論づけたケインズの景気調整政策を何というか。 〔　　　　　　　　　　〕

❹ 反ケインズ主義の，フリードマンの経済理論を何というか。 〔　　　　　　　　　　〕

❺ 市場原理を導入した社会主義の中国は，自らの経済を何と呼んでいるか。〔　　　　　　　　　　〕

市場のしくみ

❻ 食料・自動車など形のある財に対し，医療・教育・保険・運輸など物ではなく何かをしてもらうことを何というか。 〔　　　　　　　　　　〕

❼ アダム゠スミスが神の「見えざる手」と呼んだ，価格変動によって需要量と供給量がおのずと一致することを，価格の何というか。 〔　　　　　　　　　　〕

❽ 価格の変化に対する需要量や供給量の変化の割合（変化のしやすさ）を何というか。 〔　　　　　　　　　　〕

❾ 価格以外の要因で需要曲線・供給曲線が移動することを何というか。 〔　　　　　　　　　　〕

❿ 市場機構がうまくいかない場合をまとめて何というか。 〔　　　　　　　　　　〕

⓫ 同一業種の企業が，生産量・価格などで協定を結ぶことを何というか。 〔　　　　　　　　　　〕

⓬ 消費行動が，広告・宣伝の影響を受け操作されることを何というか。 〔　　　　　　　　　　〕

現代の企業

⓭ 持分会社には3つの種類がある。合名会社・合資会社と何か。 〔　　　　　　　　　　〕

⓮ 株式会社において，株主総会の意向に添い，業務に関する意思決定を行う機関を何というか。 〔　　　　　　　　　　〕

⓯ 出資者である株主が，経営を取締役にゆだねることを何というか。 〔　　　　　　　　　　〕

⓰ 経営者を監視・監督し，企業経営の適切なあり方を確保することを何というか。 〔　　　　　　　　　　〕

⓱ 企業による文化芸術活動への支援を何というか。 〔　　　　　　　　　　〕

⓲ さまざまな産業・業種で企業の買収・合併（M&A）を繰り返し，多角的に事業を展開する巨大企業を何というか。 〔　　　　　　　　　　〕

1 資本主義と社会主義

次の文章を読んで，あとの問いに答えなさい。

経済のしくみを大きく分けると，資本主義経済と社会主義経済がある。資本主義経済では，土地・工場・機械など生産手段の個人所有が認められており，商品は市場での自由競争で売買され，　ア　は個人に帰属し，　ア　獲得を動機に生産が行われる。また生産手段を持たない労働者は，生産手段を持つ資本家に労働力を商品として売る。両者の利益は矛盾し，　イ　が生じる。

社会主義では，生産手段の私有は認められず公有となり，市場での自由競争はなく，生産は中央集権的な　ウ　経済によって行われ，国家によって管理される。

現在はどちらもその原理を修正し，①資本主義では景気調整のために国家が市場に介入し，また貧富の格差解消をめざす政策が実施され，社会主義では競争原理の導入などがおこなわれ，結果として両者はかなり接近してきている。

よく出る (1) 空欄ア～ウに当てはまる語を答えなさい。

ア〔　　　　　　　　　〕　イ〔　　　　　　　　　〕　ウ〔　　　　　　　　　〕

(2) 下線①のような資本主義を何というか。　〔　　　　　　　　　〕

(3) 自身の理論を科学的社会主義と呼び，社会主義を本格的に理論づけたのは誰か。

〔　　　　　　　　　〕

2 需要曲線と供給曲線

次の文章を読んで，あとの問いに答えなさい。

図1のように需要曲線と供給曲線を一つのグラフに描き，需要と供給が均衡に向かう過程を考えると，

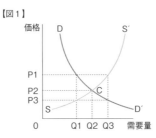

【図1】

価格が P1 のとき，需要量（需要曲線 DD' の値）は　ア　となるが，供給量（供給曲線 SS' の値）は　イ　となり，　ウ　が生じる。売れ残るので価格は P2 方向に下がり，需要は増え供給は減少する。価格が P3 のとき，需要量は　エ　となるが，供給量は　オ　となり，　カ　が生じる。品不足なので価格は P2 方向へと上がり，需要は減り供給は増加する。

こうして，いずれの場合も価格は P2 方向に向かい，P2 のとき両曲線は C 点で交わり，需要量と供給量はともに Q2 となる。この P2 を　キ　，Q2 を　ク　という。このとき，市場では売れ残りも品不足もなく　ケ　が実現されている。

なお，価格の変化に対する需要量や供給量の変化の割合（変化のしやすさ）を価格弾力性という。価

格弾力性が大きいとグラフの傾きがゆるやかに，小さいと傾きが急になる。例えば，　**A**　など生活必需品は価格弾力性が　**B**　が，　**C**　など生活必需品でないものは価格弾力性が　**D**　。

(1) 空欄**ア〜ケ**に当てはまる語を下から選び，番号で答えなさい。なお，同じものを何回選んでもよい。

① Q1　② Q2　③ Q3　④ 超過供給　⑤ 均衡数量
⑥ 資源の最適配分　⑦ 超過需要　⑧ 均衡価格

ア〔　　　〕イ〔　　　〕ウ〔　　　〕エ〔　　　〕オ〔　　　〕
カ〔　　　〕キ〔　　　〕ク〔　　　〕ケ〔　　　〕

(2) 空欄**A・B・C・D**の組み合わせとして正しいものを1つ選び，番号で答えなさい。

① **A**：しょうゆ　**B**：大きい　**C**：ケーキ　**D**：小さい
② **A**：ケーキ　　**B**：小さい　**C**：しょうゆ　**D**：大きい
③ **A**：しょうゆ　**B**：小さい　**C**：ケーキ　**D**：大きい　〔　　　〕

3 市場の失敗と現代の企業

次の文章を読んで，あとの問いに答えなさい。

市場機構はすぐれたしくみであるが，万能ではなく機能しない場合もある。これを市場の失敗と呼んでいる。代表的な市場の失敗には，①独占の形成・外部負（不）経済の存在・②公共財の不足などがある。多くの産業では，大量に生産するほど利潤が増大する　**ア**　が働く。そのため，現代では少数の大企業が市場を支配するパターンが主になっている。そこでは価格競争は弱く，有力企業が設定し他社が追随してできる　**イ**　が形成され，価格の　**ウ**　性が起きる。競争は非価格競争が中心となり，他社商品との違いを際立たせ，市場占有率すなわち　**エ**　の拡大をめざす。

企業の多くは株式会社であるが，株式会社は，経営の元手となる資本金を出資しやすいように　**オ**　を小口に分割し，小額でも出資できるようにしている。　**カ**　の責任は，出資の範囲に限られる　**キ**　責任である。株式会社の最高意思決定機関は　**ク**　である。

(1) 空欄**ア〜ク**に当てはまる語を答えなさい。

ア〔　　　　　〕イ〔　　　　　〕ウ〔　　　　　〕
エ〔　　　　　〕オ〔　　　　　〕カ〔　　　　　〕
キ〔　　　　　〕ク〔　　　　　〕

(2) 下線①に関連し，数社で市場を支配することを特に何というか。　〔　　　　　〕

(3) 下線②の公共財の性質に，不特定多数の人が同時に利用できるというものがある。この性質を何というか。　〔　　　　　〕

2 | 国民所得と経済成長

| STEP 1 | 重要ポイント

1 国民所得

1 国民所得の種類

- **国富**…過去からの蓄積（ストック）
- **国民所得**…ある期間の成果（フロー）
- **広義の国民所得の種類**
  ①国民の総生産額　② GNI　③ NNP
  ④ NI（狭義の国民所得）　⑤ GDP
  ※**「国民」と「国内」の違い**

2 国民所得の原則

- **三面等価の原則**…生産＝分配＝支出
- **生活の豊かさの指標**…**国民純福祉（NNW）・グリーン GDP（EDP）**

2 通貨と物価

1 通貨の役割と通貨制度

- **通貨の役割**
  ①価値尺度　　②交換手段
  ③価値貯蔵手段　④支払手段
- **通貨の種類**
  ①現金通貨…紙幣（日本銀行券）と硬貨（政府発行の補助貨幣）
  ②預金通貨…要求払い預金（普通預金・当座預金（手形・小切手での支払いに利用））
- **通貨制度**
  金本位制度　（兌換紙幣）
  ↓ 世界恐慌
  管理通貨制度（不換紙幣）

2 物価とインフレ・デフレ

- **物価**…①消費者物価指数　②企業物価指数
- **インフレーション**（物価の継続的上昇）
- **デフレーション**（物価の継続的下落）
  ⇒ 不況との悪循環（デフレ・スパイラル）

3 景気変動と経済成長

- 景気変動の 4 局面
- **4 つの周期**
- **経済成長（率）**
  ①名目経済成長率　②**実質経済成長率**

---

❶

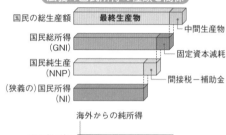

広義の国民所得の種類と関係

国民の総生産額　最終生産物　├中間生産物
国民総所得（GNI）　├固定資本減耗
国民純生産（NNP）　├間接税－補助金
（狭義の）国民所得（NI）

海外からの純所得
国民総所得（GNI）
国内総生産（GDP）

❷ 「国民」と「国内」

広義の国民所得に使われる「国民」は「日本人」というくくり（だから日本人が生み出せば海外でも入る），「国内」は日本の領土内というくくり（だから外国人が生み出しても日本国内なら入る）である。両者は目的で使い分ける。

❸ 生活の豊かさの指標

- 国民純福祉（NNW）…公害や環境の悪化などをマイナス要因，家事労働や余暇時間などをプラス要因として，GDP を修正する
- グリーン GDP（EDP）…GDP から，環境破壊による経済的損失を差し引いて，GDP を修正する

❹ インフレの種類

- ディマンド・プル・インフレーション
  需要側の総需要が総供給を上回ったために起こる。需要インフレともいう。
- コスト・プッシュ・インフレーション
  供給側の生産コスト（費用）が上昇したために起こる。費用（供給）インフレともいう。

❺ 景気変動の 4 つの周期
  キチンの波（3〜4 年）…在庫投資
  ジュグラーの波（8〜10 年）…設備投資
  クズネッツの波（15〜25 年）…建設投資
  コンドラチェフの波（50〜60 年）…大規模技術革新

❻ 成長率を求める公式

$$経済成長率 = \frac{今年の GDP － 前年の GDP}{前年の GDP} \times 100$$

❼ 実質 GDP を求める公式

$$実質 GDP = \frac{名目 GDP}{GDP デフレーター ^{(※)}} \times 100$$

（※）前年の物価を 100 とした場合の今年の物価の百分率

国民所得

❶ 国民所得は一定期間の成果でありフローである。これに対して過去からの蓄積である国富は何か。　〔　　　　　　　　〕

❷ 国民総所得(GNI)＝国民の総生産額－(ア)　(ア)に入るものは何か。　〔　　　　　　　　〕

❸ 国民純生産(NNP)＝国民総所得(GNI)－(イ)　(イ)に入るものは何か。　〔　　　　　　　　〕

❹ 国内総生産(GDP)＝国民総所得(GNI)－(ウ)　(ウ)に入るものは何か。　〔　　　　　　　　〕

❺ 三面等価の原則の「三面」とは，生産国民所得，分配国民所得と何か。　〔　　　　　　　　〕

❻ GDP から環境破壊による経済的損失を差し引いて出される指標は何か。　〔　　　　　　　　〕

通貨と物価

❼ 通貨には4つの役割がある。価値尺度・交換手段・価値貯蔵手段と何か。　〔　　　　　　　　〕

❽ 通貨は2種類ある。現金通貨と何か。　〔　　　　　　　　〕

❾ 普通預金や当座預金は預金通貨であるが，いつでも支払いに利用できるこれらの預金を何というか。　〔　　　　　　　　〕

❿ 金本位制度から管理通貨制度への移行のきっかけとなった出来事は何か。　〔　　　　　　　　〕

⓫ 物価指数のうち，企業間で取り引きされる商品の物価水準を何というか。　〔　　　　　　　　〕

⓬ 供給側の生産コスト（費用）が上昇したために起こるインフレーションは何か。　〔　　　　　　　　〕

⓭ 物価の下落が不況を悪化させ，それがまた物価の下落を招く悪循環を何というか。　〔　　　　　　　　〕

景気変動と経済成長

⓮ 景気変動は4つの局面を繰り返す。好況・後退・不況の次は何か。　〔　　　　　　　　〕

⓯ 特に急激・大規模で深刻な不況を何というか。　〔　　　　　　　　〕

⓰ 周期は3〜4年で，在庫投資の増減を原因とする景気変動の波は何か。　〔　　　　　　　　〕

⓱ 周期15〜25年で，建設投資の増減を原因とする景気変動の波は何か。　〔　　　　　　　　〕

⓲ 物価変動分を取り除いて算出する経済成長率を何というか。　〔　　　　　　　　〕

⓳ 名目 GDP を実質 GDP に換算するために使われる物価指数で，前年の物価を 100 とした場合の今年の物価の百分率を何というか。　〔　　　　　　　　〕

解答・解説は別冊 p.13

よく出る **1** 国富と国民所得

次の文章を読んで，あとの問いに答えなさい。

経済規模を測る指標には，国富と国民所得がある。国富はストックであるが，国民所得はフローである。一国の経済活動で1年間に生み出された [ア] 価値の合計のうち，国民所得（ＮＩ）は国民純生産（ＮＮＰ）から [A] 分を差し引き，[B] 分を加えたものである。

ＧＮＩ，ＮＩ，①ＧＤＰなどは，価値が②どの産業で生み出されたか，どのように国民に分配されたか，どのように国民が使ったか，という③3つの面から集計され，その金額は等しくなる。

国民所得と生活の豊かさは完全には一致しない。そこで国民生活の豊かさを示す指標として，公害などをマイナス要因，余暇時間などをプラス要因としてＧＤＰを修正する [イ] などが提唱されている。

(1) 空欄**ア・イ**に当てはまる語を答えなさい。

ア〔　　　　　　　　　〕　イ〔　　　　　　　　　〕

(2) 空欄**A・B**に当てはまる語を答えなさい。

A〔　　　　　　　　　〕　B〔　　　　　　　　　〕

(3) 下線①を漢字で言い換えなさい。〔　　　　　　　　　〕

(4) 下線②の面からとらえた国民所得は，何と呼ばれるか。〔　　　　　　　　　〕

(5) 下線③の原則を何というか。〔　　　　　　　　　〕

2 景気変動と経済成長

次の文章を読んで，あとの問いに答えなさい。

景気変動は①好況・[ア]・不況・回復の4つの局面を繰り返す。特に急激・深刻な不況を恐慌という。景気変動には，②コンドラチェフの波・キチンの波・クズネッツの波・ジュグラーの波の4つの周期があることが知られている。なお，ジュグラーの波は [イ] とも呼ばれ，景気変動という時は一般的にこの波を指す。

景気循環を繰り返す中で経済の規模が大きくなる割合が経済成長率であるが，成長率には，物価変動分を考慮しない [ウ] と考慮する実質経済成長率とがある。

よく出る (1) 空欄**ア～ウ**に当てはまる語を答えなさい。

ア〔　　　　　　　　　〕　イ〔　　　　　　　　　〕　ウ〔　　　　　　　　　〕

(2) 下線①の好況期に一般的に起こる現象ではないものを1つ選び，記号で答えなさい。

　ア　設備投資拡大　　イ　資金需要増大　　ウ　金利上昇

　エ　在庫増大　　オ　雇用拡大　　カ　賃金上昇　　キ　物価上昇　　　〔　　　　　〕

(3) 下線②の4つの波の説明をＡ群・Ｂ群からそれぞれ1つ選び，記号で答えなさい。

【A群】

　ア　周期3年～4年　　イ　周期8年～10年　　ウ　周期15年～25年

　エ　周期50年～60年

【B群】

オ 住宅を建て替える建設投資の増減が主な原因といわれる。

カ 機械を買い替える設備投資の増減が主な原因といわれる。

キ 電力の登場など大規模な技術革新が主な原因といわれる。

ク 生産量を調整する在庫投資の増減が主な原因といわれる。

コンドラチェフの波 〔　　・　　〕　　キチンの波 〔　　・　　〕

クズネッツの波 〔　　・　　〕　　ジュグラーの波 〔　　・　　〕

(4) 下は経済成長率を出す場合に必要な2つの公式である。空欄**ア・イ**に適する語句を入れなさい。

$$経済成長率 = \frac{今年のGDP - 前年のGDP}{\boxed{ア}} \times 100$$

$$\boxed{イ} = \frac{名目GDP}{GDPデフレーター} \times 100$$

ア 〔　　　　　　　〕 イ 〔　　　　　　　〕

発展 (5) 今年の名目GDPが100兆円から150兆円に増加した場合の名目成長率と実質成長率を，それぞれ答えなさい。ただし前年の物価を100とした場合の今年の物価の百分率であるGDPデフレーターは125とする。　　　　名目 〔　　　　〕 実質 〔　　　　〕

---

3 通貨と物価

次の文章を読んで，あとの問いに答えなさい。

通貨には，商品の価値を計る価値尺度，商品流通の仲立ちをする交換手段，価値をたくわえておく価値貯蔵手段，預金からの引き落とし等によって債務の決済をする支払手段の4つの役割がある。

通貨は，現金通貨と預金通貨の2種類があり，現金通貨は俗に現金と呼ばれるもので，1万円・5千円・千円札などの 〔 **ア** 〕 券と，5百円玉・百円玉・10円玉などの硬貨，すなわち日本政府発行の 〔 **イ** 〕 がある。

通貨制度には，金本位制度と 〔 **ウ** 〕 の2つがある。金本位制度というのは，一国の通貨の基本に金を置き，①金との交換が保証された紙幣を発行する制度である。長所は，通貨が金と結びつき中央銀行の金保有量までしか通貨を発行できないので，通貨価値が安定し 〔 **エ** 〕 の危険が少ないことである。短所は，景気の調整に大きな役割を果たす通貨供給量を柔軟に調節できない点にある。1920年代までは，金本位制度が世界の主流であった。〔 **ウ** 〕 は金との交換が保証されない紙幣を発行する制度で，長所・短所は金本位制度の逆である。各国が 〔 **オ** 〕 の有効需要政策を採用すると，通貨供給量の調節が不可欠となり，1929年の世界恐慌をきっかけに各国は 〔 **ウ** 〕 に移行した。

よく出る (1) **ア〜オ**に当てはまる語を答えなさい。

ア 〔　　　　　　〕 イ 〔　　　　　　〕 ウ 〔　　　　　　〕

エ 〔　　　　　　〕 オ 〔　　　　　　〕

(2) 下線①を何というか。　　　　　　　　　　　　　　　　〔　　　　　　　　〕

3 | 金融・財政のしくみ

1 金融のしくみ

1 金融のしくみと信用創造

- **金融**…資金の貸し借り
- **間接金融**…金融機関から資金を借り入れる
- **直接金融**…家計から直接資金を借り入れる
- **①信用創造**…貸し付けの過程で預金通貨がつくられる

2 日本銀行と金融政策

- **日本銀行**（日本の中央銀行）…３つの役割
  （発券銀行・政府の銀行・銀行の銀行）
- 金融政策
  - ・**②通貨供給量（マネーストック）**のコントロール
  - ・**③金融政策の手段**…①公開市場操作（オープン・マーケット・オペレーション）
    ②預金準備率（支払準備率）操作
  - ・政策金利（無担保コールレート（オーバーナイト物））
  - ・非伝統的金融政策（インフレターゲット政策，マイナス金利政策など）

2 財政のしくみ

1 財政

- 財政の３つの役割…①資源配分の調整
  ②所得の再分配　③経済の安定化
- 財政政策
  ①裁量的財政政策
  ②④ビルト・イン・スタビライザー

2 租税

- **国税**と**地方税**
- **⑤直接税**と**間接税**…両者の割合が直間比率
- **税負担の公平性**…垂直的公平と水平的公平
  （累進課税・所得捕捉率）
- **国債**
  ①種類（建設国債・赤字国債）
  ②発行の問題点（**財政の硬直化**，世代間の不公平，**クラウディング・アウト**など）
  ③**プライマリー・バランス（基礎的財政収支）**

---

① 信用創造の具体例

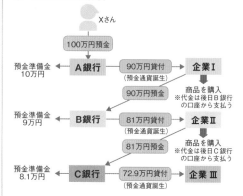

② 通貨供給量と景気・物価の関係

③ 金融政策の手段

④ 自動的に景気を調整する自動安定化装置

⑤ 主な租税

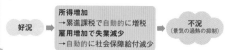

	直接税	間接税
国税	所得税，法人税　相続税	消費税
地方税	住民税，固定資産税	地方消費税

金融のしくみ

❶ 資金を借りた時に，借り手が貸し手に支払う報酬を何というか。〔　　　　　〕

❷ 直接金融において，家計は企業から一般的に社債や何を購入するか。〔　　　　　〕

❸ 銀行預金が繰り返される過程で，最初の預金の何倍もの預金通貨がつくり出されることを何というか。〔　　　　　〕

❹ 公開市場操作において，景気を好況に向かわせたい場合，日銀は有価証券を市中銀行から買い上げる。これを何というか。〔　　　　　〕

❺ 景気を不況（景気の冷却）に向かわせたい場合，日銀は預金準備率をどうするか。〔　　　　　〕

❻ 現在の日銀の政策金利の名称は何か。〔　　　　　〕

❼ 1996 年に打ち出された，金融システムの改革は何と呼ばれるか。〔　　　　　〕

❽ 物価上昇率の目標を定め，それに向けて行う金融政策を何というか。〔　　　　　〕

財政のしくみ

❾ 予算には，一般行政を扱う一般会計と，特定の事業を扱う何があるか。〔　　　　　〕

❿ 予算に準じる財政活動で，第二の予算ともいわれるものは何か。〔　　　　　〕

⓫ 景気の安定化のために，特に意図的・積極的に行う財政政策を何というか。〔　　　　　〕

⓬ 財政のしくみの中に埋め込まれた，景気を自動的に調整するしくみを何というか。〔　　　　　〕

⓭ 国税の中で，企業の所得に課す税を何というか。〔　　　　　〕

⓮ 地方税で，県民税や市民税など個人の所得などに課す税を何というか。〔　　　　　〕

⓯ 税は，直接税と何税とに分けられるか。〔　　　　　〕

⓰ 高い負担能力のある者はより高い負担をすべきである，とする税負担の公平性は何と呼ばれるか。〔　　　　　〕

⓱ 同じ負担能力を持つ者は同じ負担をすべきである，とする税負担の公平性は何と呼ばれるか。〔　　　　　〕

⓲ 1950 年の税制改革の基本となったアメリカ使節団の勧告を何というか。〔　　　　　〕

⓳ 道路・港湾建設など，公共事業にあてる国債を何というか。〔　　　　　〕

⓴ 一般会計の歳入不足にあてる国債を何というか。〔　　　　　〕

㉑ 国債発行による収入を除いた歳入総額から，国債費を除いた歳出総額を差し引いた収支を何というか。〔　　　　　〕

1　金融政策

次の文章を読んで，あとの問いに答えなさい。

一国の金融・通貨政策の中心となる銀行を中央銀行という。日本では日本銀行である。中央銀行に対し，民間の銀行を，　ア　銀行という。日本銀行には，唯一の　イ　銀行・政府の銀行・銀行の銀行という3つの役割がある。日本銀行は，物価の安定と景気の調整のため金融政策を実施するが，基本方針は日本銀行政策委員会の　ウ　で決められる。

通貨供給量（マネーストック）を増やす場合を金融緩和政策，減らす場合を金融　エ　政策というが，主な手段は公開市場操作である。現在好況（景気の過熱）で，それを不況（景気の冷却）に向かわせたい場合，日銀は保有する有価証券を民間銀行に売る。これを　オ　オペレーションという。

よく出る (1)　空欄ア～オに当てはまる語を答えなさい。

ア〔　　　　　　　〕　イ〔　　　　　　　　　〕　ウ〔　　　　　　　　　〕

エ〔　　　　　　　〕　オ〔　　　　　　　　　〕

(2)　インフレターゲット政策など，政策金利を上下させる伝統的な方法とは違う日本銀行の金融政策を何というか。

〔　　　　　　　　　　　〕

2　財政政策

次の文章を読んで，あとの問いに答えなさい。

政府が収入を得て，それを支出する経済活動のことを財政という。収入のことを　ア　，支出のことを　イ　という。財政計画として予算が立てられるが，予算は内閣が作成し，　ウ　の議決を受けなければならない。

財政には，　エ　をカバーする①資源配分の調整，②所得の再分配，経済の安定化という3つの役割がある。

よく出る (1)　空欄ア～エに当てはまる語を答えなさい。

ア〔　　　　　　　〕　イ〔　　　　　　　　　〕　ウ〔　　　　　　　　　〕

エ〔　　　　　　　〕

(2)　下線①は具体的には何をすることか。最も適するものを1つ選び，記号で答えなさい。

ア　均衡数量の生産　　イ　社会保障の削減　　ウ　公共財の供給　　エ　減税の実施

〔　　　　　〕

(3)　下線②は具体的には「　A　で税を徴収し，　B　給付として再分配する」ことである。空欄A・Bに入る語句の組み合わせとして正しいものを1つ選び，記号で答えなさい。

ア　A社会保障　　B累進課税　　イ　A累進課税　　B自由競争

ウ　A逆進性の税　　B社会保障　　エ　A累進課税　　B社会保障

〔　　　　　〕

3 租税のしくみ

次の文章を読んで，あとの問いに答えなさい。

租税は直接税と間接税とに分けられる。直接税は①税を負担する者と②税を納める者が同一の税で，間接税は両者が異なる税である。③両者の割合は国によって異なる。両者にはそれぞれ長所と短所があり，直接税である所得税の場合，所得の総額に従い累進課税により高い負担能力を持つ高所得者から高率で徴収できるが，職種によって税務署の ア 率が異なるため，実際は所得が同じでも税額が違うという水平的不公平が生まれている。間接税である消費税の場合，同じ金額の消費に同額の課税が行われるが，所得の大小に関係なく税が課されるので，低所得者ほど税負担が重くなる イ 性がある。

シャウプ勧告による1950年の税制改革以来，日本はアメリカ同様 ウ 税中心の税制をとってきたが，高齢社会の福祉財源を確保する必要等もあって，消費税が導入され， エ 税の比重が高まりつつある。

(1) 空欄ア〜エに当てはまる語を答えなさい。

ア 〔　　　　　〕 イ 〔　　　　　〕 ウ 〔　　　　　　　〕

エ 〔　　　　　〕

(2) 下線①，下線②，下線③はそれぞれ何と呼ばれるか。当てはまる語を答えなさい。

① 〔　　　　　〕 ② 〔　　　　　〕 ③ 〔　　　　　　　〕

よく出る (3) 空欄に入る税の名称を下から選び，記号で答えなさい。

	直接税	間接税
国税	所得税 A B	消費税
地方税	C D	E

A・B 〔　　　・　　　〕（順不同）

C・D 〔　　　・　　　〕（順不同）

E 〔　　　　〕

ア 固定資産税　イ 地方消費税　ウ 相続税　エ 住民税　オ 法人税

4 国債

次の文章を読んで，あとの問いに答えなさい。

国債の大量発行は，国債費の増加を招き，財政の ア 化をもたらす。また国債は，結局将来の世代が返済しなければならないので，世代間の不公平が生じる。さらに①民間で余っている資金を，国債の発行によって政府が吸い取ってしまい，民間企業が利用できる資金がなくなってしまうという問題もある。

よく出る (1) 空欄アに当てはまる語を答えなさい。　〔　　　　　　　〕

(2) 下線①を何というか。当てはまる語を答えなさい。　〔　　　　　　　〕

4 │ 日本経済のあゆみと課題

1 日本経済のあゆみと課題

1 戦後復興期（1945〜1954年）
- ❶**3大経済民主化政策**
- ❷**経済復興策**

2 高度経済成長期（1955〜1973年）
- 高度経済成長…年平均約10%の実質経済成長
- ❸**高度経済成長の要因**

3 2つの石油危機
- 第一次石油危機…1973年
- 第二次石油危機…1979年

4 ❹バブル経済とその崩壊
- バブル経済の発生（1986〜91年）
  ①プラザ合意 ②超低金利政策
- バブル経済の崩壊（1991年〜）
  ①デフレ・スパイラル ②失われた10年

5 2001年以降の日本経済
- 構造改革 ⇒ 格差社会
- リーマン・ショック（2008年）
- 東日本大震災（2011年）
- 新型コロナウイルス感染症の流行（2020年〜）

2 ❺中小企業問題
- 二重構造（大企業との格差）
- 中小企業による革新
  ①ベンチャー企業 ②イノベーション

3 農業問題

1 農業政策の変遷
  ①食糧管理制度②農業基本法③減反政策
  ④ウルグアイ・ラウンド（「例外なき関税化」）
  ⑤❻農業立て直しのための新法

2 日本の農業の未来
  ①食料自給率の向上　②日本ブランド
  ③トレーサビリティシステム・6次産業化

4 消費者問題
- 消費者問題への行政の取り組み
  「消費者の保護」⇒「消費者の自立支援」
- 自立した消費者へ（成年年齢引き下げ）

❶　3大経済民主化政策
①財閥解体…持株会社整理委員会が発足し、持株会社の持つ株式を取り上げる
②農地改革…地主から土地を強制的に買い上げ、小作人に安価で売り渡し寄生地主制を解体する
③労働関係の民主化…労働基本権を保障し、労働組合法などを制定し、労働者の権利を確立する

❷　経済復興策
①石炭・鉄鋼などの基幹産業に資金・原材料を集中的に投入する傾斜生産方式を採用する
②インフレ対策と日本経済の自立をめざすドッジ・ラインを実施する
（なお、ドッジ・ラインによりデフレ・不況になるが、朝鮮特需（特需景気）でデフレ・不況から脱出）

❸
①高い国民の貯蓄率（資金が間接金融で企業に渡る）
②「投資が投資を呼ぶ」
　（民間設備投資・技術革新）
③農村（地方）からの労働力の供給
④政府の産業保護政策の成功
⑤輸出に有利な円安（1ドル＝360円）の設定
⑥少ない防衛費

❹

バブル経済とその崩壊

❺
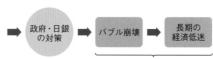
中小企業の定義

業種	資本金	従業員
製造業	3億円以下	300人以下
卸売業	1億円以下	100人以下
サービス業	5,000万円以下	100人以下
小売業	5,000万円以下	50人以下

❻　農業立て直しのための2つの新法
①新食糧法…1994年制定。政府のかかわりを縮小。生産・販売を原則として市場原理にゆだねる（食糧管理制度廃止）。
②食料・農業・農村基本法（新農業基本法）…1999年制定。食料安全保障を踏まえた食料自給率の向上、農業の持つ多面的機能の発揮、持続的発展のための農業経営の法人化などの方向性を示す。

日本経済のあゆみ

❶ 占領下で行われた3大経済民主化政策とは，財閥解体，労働関係の民主化と何か。 〔　　　　　　　〕

❷ インフレを抑えるため，アメリカの経済顧問が実施した政策は何か。 〔　　　　　　　〕

❸ 朝鮮戦争の勃発に伴うアメリカ軍から日本への注文の急増を何というか。 〔　　　　　　　〕

❹ 高度経済成長期の初期の1960年に政府が発表した，GNPの拡大をめざす長期経済計画の名称は何か。 〔　　　　　　　〕

❺ 産業の比重が第一次から第二次，さらに第三次産業へと移行し，製造業の中心が軽工業から重化学工業へと変化することをまとめて何というか。 〔　　　　　　　〕

❻ 第一次石油危機の時の，日本の激しいインフレは何と呼ばれたか。 〔　　　　　　　〕

❼ 石油危機の下で，経済は不調（不況）であるにもかかわらずインフレが進行するという事態が発生した。これを何というか。 〔　　　　　　　〕

❽ バブル経済発生の要因の1つとなった，ドル高是正のための協調介入を決めた先進5カ国の合意を何というか。 〔　　　　　　　〕

❾ 貸したのに返してもらえない銀行の貸付金を何というか。 〔　　　　　　　〕

❿ バブル経済崩壊後に進んだ，国民間に貧富の差がある社会を何と呼ぶか。 〔　　　　　　　〕

⓫ リーマン・ブラザーズが破綻し引き起こされた，世界的金融危機を何というか。 〔　　　　　　　〕

日本経済の課題

⓬ 大企業と中小企業との間の経済上の格差を何と呼ぶか。 〔　　　　　　　〕

⓭ 高度な技術や知識を武器に，未開拓分野に挑戦する企業を何と呼ぶか。 〔　　　　　　　〕

⓮ かつて行われていた，食糧の安定供給のため，政府が農家からコメを買い上げて国民に支給する制度の名称は何か。 〔　　　　　　　〕

⓯ かつての政策で，過剰米や逆ザヤによる財政負担の縮小を図るために行われた，コメの生産削減（生産調整）を何というか。 〔　　　　　　　〕

⓰ 食品の安全性確保のため，生産から消費までの経路・履歴を明らかにするシステムを何というか。 〔　　　　　　　〕

⓱ アメリカのケネディ大統領が1962年の特別教書の中で宣言した，消費者の権利をまとめて何というか。 〔　　　　　　　〕

⓲ 2009年に設置された消費者行政を一元的に担当する役所の名称は何か。 〔　　　　　　　〕

1 戦後復興期

次の文章を読んで，あとの問いに答えなさい。

第二次世界大戦直後の日本では，財閥解体・農地改革・労働関係の民主化の3大 ［ ア ］ 政策が実施された。財閥解体では1946年に ［ イ ］ 委員会が発足し，財閥は解体された。

農地改革では，地主から安値で土地が買い上げられ小作人に売却された。これにより，［ ウ ］ 制はなくなり，自らの土地を持つ ［ エ ］ が大幅に増加した。労働関係の民主化では新憲法で労働基本権が保障され，各種の法が制定され，労働者の権利が確立された。

経済復興策では石炭・鉄鋼などの①基幹産業に資金・原材料を集中的に投入するやり方が採用されたが，通貨増発で激しいインフレーションに陥った。そこで，GHQ は1949年に②ドッジ・ラインを実施した。また ［ オ ］ による税制改革もこのとき行われた。ドッジ・ラインによりインフレは収束したが，日本経済は深刻な不況におちいった。

よく出る (1) 空欄ア〜オに当てはまる語を答えなさい。

ア〔   〕 イ〔   〕 ウ〔   〕

エ〔   〕 オ〔   〕

(2) 下線①を何というか。   〔   〕

(3) 下線②の政策でないものを1つ選び，記号で答えなさい

ア　均衡予算の実施　　イ　補助金の削減　　ウ　赤字国債の発行

エ　1ドル＝360円の単一為替レートの設定　　オ　復興金融金庫の廃止　　〔   〕

2 高度経済成長期からその後へ

次の文章を読んで，あとの問いに答えなさい。

戦後の混乱から立ち直った日本経済は，1955年から1973年の第一次石油危機までの間，年平均でほぼ10％の実質経済成長を続けた。これが①高度経済成長と呼ばれるものである。

その後，1971年の ［ ア ］・ショック以来の混乱で，1973年には変動相場制に移行し，円高がすすみ輸出は停滞した。そこへ第四次中東戦争が勃発し，原油価格が4倍に上がる ［ イ ］ 危機が起こった。日本経済は打撃を受けるとともに，狂乱物価と呼ばれる激しいインフレに陥った。インフレを抑えるため，政府は厳しい金融引き締め政策を行い，その結果物価は抑制されたものの，［ ウ ］ 年，戦後初めての ［ エ ］ 成長を記録した。

1980年代，アメリカではレーガン政権の経済運営（レーガノミックス）の結果，財政赤字と ［ オ ］ 赤字による，巨額の「［ カ ］」を抱えていた。一方，経営の合理化や産業構造の転換を終えた日本は国際競争力を強め，欧米諸国に ［ キ ］ 的と呼ばれる激しい輸出をして，貿易摩擦が深刻化した。こうした状況を解決しようと ［ ク ］ 年になされたのが，プラザ合意である。

(1) 空欄**ア～ク**に当てはまる語や数字を答えなさい。**オ**は漢字2字で答えること。

ア〔　　　　　　　〕　イ〔　　　　　　　　〕　ウ〔　　　　　　　　〕

エ〔　　　　　　　〕　オ〔　　　　　　　　〕　カ〔　　　　　　　　〕

キ〔　　　　　　　〕　ク〔　　　　　　　　〕

(2) 下線①の要因について述べた文の中で誤りのあるものを1つ選び，記号で答えなさい。

ア 貯蓄よりも消費にまわす国民性のため，常に過剰消費され，それが企業の高い収益につながった。

イ 「投資が投資を呼ぶ」といわれた積極的な民間設備投資と技術革新が行われた。

ウ 農業が衰退した農村から若くて質の高い労働力が豊富に供給された。

エ 防衛費の負担が少なく，財政資金が経済成長に利用できた。

オ 原油の国際価格が安く，また為替レートが日本の輸出に有利な1ドル＝360円に設定された。

〔　　　　　　　〕

3 農業問題・消費者問題

次の文章を読んで，あとの問いに答えなさい。

戦後農地改革で自作農がたくさん生まれたが，みな規模の小さい零細農家であった。このため農家の所得は低く，工場で働くほうが高いという状況で，高度成長期には，工業との所得格差が拡大した。そこで1961年，　ア　法が制定されたがうまくいかなかった。

1980年以降，外国からの圧力への対応が大きな課題となった。日本は農業保護のため農産物の輸入を制限し，特にコメは輸入禁止としていた。これに対し，貿易赤字を抱えるアメリカが，農産物の輸入自由化を強く求めた。その結果，1988年に日米農産物交渉が合意し，1991年から牛肉・　イ　の輸入が自由化された。ＧＡＴＴのウルグアイ・ラウンドでは，コメの輸入自由化が強く求められた。なお，コメの輸入に抵抗した日本の主張として，戦争や天候不順などに備え，食糧は自給すべきだし，そのためなら輸入阻止も許されるという　ウ　という考え方があった。

1994年には，①政府のコメへのかかわりを大幅に縮小し，生産・販売を原則として市場原理にゆだねることを定めた法が制定され，　エ　制度は廃止された。1999年には，食料・農業・農村基本法が制定された。

食の安全性が問われる中，日本の農産物は，②消費者から高い評価を受けている。そうした中で，③生産者の所得を向上させていく取り組みが求められている。

(1) 空欄**ア～エ**に当てはまる語を答えなさい。

ア〔　　　　　　　〕　イ〔　　　　　　　　〕　ウ〔　　　　　　　　〕

エ〔　　　　　　　〕

(2) 下線①の法律名を答えなさい。　　　　　　　　　　　　　　　　　　　〔　　　　　　　〕

(3) 下線②に関し，消費者は生産者に比べて生産過程で使われた農薬など，商品に関する情報を持っていない。この格差を何というか。　　　　　　　　　　　　　　　　　〔　　　　　　　〕

(4) 下線③に関し，農家などの生産者が生産物の加工，流通，販売も行い，所得の向上をめざす取り組み（ビジネス）を何というか。　　　　　　　　　　　　　　　　〔　　　　　　　〕

5 | 地球環境問題

STEP 1 | 重要ポイント

1 公害と環境問題

1 公害の歴史と対策

● **典型 7 公害**…大気汚染・水質汚濁・土壌汚染・騒音・振動・地盤沈下・悪臭

● **公害の歴史**
　足尾銅山鉱毒事件・❶四大公害訴訟

● **公害対策**…公害対策基本法・環境庁（環境省）・公害防止条例

1 公害対策のルール

● **❷汚染者負担の原則(PPP)**
　外部不経済の内部化による公害防止

● **❷無過失責任の原則** ⇒ 大気汚染防止法・水質汚濁防止法などで明文化

● **濃度規制・総量規制**

1 公害対策から環境保全へ

● **環境保全の法整備**
　環境基本法・環境アセスメント法
　環境アセスメント条例

● **循環型社会への法整備**

・循環型社会 ⇒ ❸3R を基礎とする社会

・循環型社会形成推進基本法（排出者責任・拡大生産者責任）

2 地球環境問題

1 地球環境問題の種類

● **オゾン層の破壊**

● **地球温暖化**

● **酸性雨**

● **熱帯林の破壊・砂漠化**

2 地球環境問題への取り組み

● **国連人間環境会議**

● **❹地球サミット**

● **❺京都議定書**

● **環境開発サミット**

3 ポスト京都議定書

● **❻京都議定書の課題**

● **❼パリ協定**

---

❶ 　**四大公害訴訟**

病名	新潟水俣病	四日市ぜんそく	イタイイタイ病	水俣病
地域	新潟県阿賀野川	三重県四日市市	富山県神通川	熊本県水俣湾
原因	水質汚濁（有機水銀）	大気汚染（亜硫酸ガス）	水質汚濁（カドミウム）	水質汚濁（有機水銀）
企業	昭和電工	コンビナート6社	三井金属鉱業	チッソ
提訴	1967年6月	1967年9月	1968年3月	1969年6月
判決	住民側勝訴 1971年9月	住民側勝訴 1972年7月	住民側勝訴 1972年8月	住民側勝訴 1973年3月

❷ 　**公害対策のルール**

・汚染者負担の原則(PPP)…汚染者が対策費用を負担する原則。費用を市場メカニズムに組み込むことで汚染物質の排出という外部不経済を内部化させる。

・無過失責任の原則…被害が発生した場合，企業側は過失がなくとも賠償責任を負う。

❸ 　**3R＝3つのR**

・廃棄物の発生抑制（リデュース Reduce）

・再使用（リユース Reuse）

・再生利用（リサイクル Recycle）

❹ 　**地球サミットの内容**

スローガン	「持続可能な開発」
採択・署名	・環境と開発に関するリオ宣言 ・アジェンダ 21 ・気候変動枠組み条約 ・生物多様性条約

❺ 　京都議定書

・温室効果ガス排出量を先進国全体で 5％以上削減する（途上国は削減義務なし）

・排出量取引など京都メカニズムを導入する

❻ 　京都議定書の課題

・アメリカの不参加

・中国，インドに削減義務なし（先進国に含まれないため）

・削減目標値の算出基準があいまい

・守らなかった場合の措置があいまい

❼ 　パリ協定のポイント

・京都議定書に代わる 2020 年以降の地球温暖化対策の国際的枠組み（ポスト京都議定書）である

・平均気温の上昇を産業革命以前に比べて 2℃未満に保ち，1.5℃に抑える努力をする

・今世紀後半に，温室効果ガスの排出量実質ゼロ（排出と吸収の均衡達成）をめざす

・歴史上初めて，途上国を含むすべての参加国に削減目標の提出を義務づける

公害と環境問題

❶ 熊本県で発生した，有機水銀を原因とする公害の名称は何か。　〔　　　　　〕

❷ 有名な公害裁判で，1960 年代後半の 4 つの訴訟をまとめて何というか。　〔　　　　　〕

❸ 1993 年，公害対策基本法に代わり制定された法は何か。　〔　　　　　〕

❹ 汚染者が対策費用を負担するというルールを何というか。　〔　　　　　〕

❺ 企業側に過失がなくとも賠償責任を負わせるルールを何というか。　〔　　　　　〕

❻ 開発による影響を事前に調査・予測・評価することを何というか。　〔　　　　　〕

❼ 3R のうちの 1 つで，廃棄物の発生抑制を何というか。カタカナで答えなさい。　〔　　　　　〕

❽ 循環型社会をつくるための基本原則を定める法の名称は何か。　〔　　　　　〕

❾ 「生産者は生産だけではなく，廃棄・リサイクルまで責任を負う」という原則を何というか。　〔　　　　　〕

❿ 排出される廃棄物が，他の産業の資源として活用され，全体として廃棄物を出さないことを何というか。　〔　　　　　〕

⓫ プラスチックが燃える時に発生する有害物質は何か。　〔　　　　　〕

地球環境問題

⓬ オゾン層の破壊の原因となる物質の名称は何か。　〔　　　　　〕

⓭ 地球温暖化をもたらす二酸化炭素などの気体を何というか。　〔　　　　　〕

⓮ 森林の枯死や湖の魚類の死滅などの問題をもたらす，ある性質の雨は，何か。　〔　　　　　〕

⓯ 1972 年にスウェーデンで開催された地球環境問題に関する会議は何か。　〔　　　　　〕

⓰ 将来世代の利益を損なわない範囲での環境利用を何というか。　〔　　　　　〕

⓱ 地球サミットに合わせて採択された，地球温暖化防止条約ともいわれる条約の名称は何か。　〔　　　　　〕

⓲ 気候変動枠組み条約第 3 回締約国会議で採択された取り決めは何か。　〔　　　　　〕

⓳ 京都議定書で定められた温室効果ガス削減のためのしくみを何というか。　〔　　　　　〕

⓴ 京都議定書の削減対象期間終了後のことを何というか。　〔　　　　　〕

㉑ 京都議定書に代わる，2020 年以降の地球温暖化対策の国際的枠組みの名称は何か。　〔　　　　　〕

解答・解説は別冊 p.14

1 日本の公害

次の文章を読んで，あとの問いに答えなさい。

環境基本法では，公害を①大気汚染・水質汚濁・土壌汚染・騒音・振動・地盤沈下・悪臭によって人の健康または生活環境に被害が生じることと定義している。明治期の ア 鉱毒事件や，戦後の四大公害訴訟が有名であるが，いずれも産業優先の政策の中でもたらされた。公害の深刻化に伴い，ようやく 1967 年に イ 法が制定されたが，経済界の要求で，公害対策は経済発展を阻害しない範囲でおこなうという経済調和条項が入っていた。

しかし ウ がテーマとなった，1970 年のいわゆる「 ウ 国会」で経済調和条項は削除され，71 年には エ が発足する。一方，地方公共団体も公害防止条例を次々と制定し，中には国の基準よりも厳しいものもあった。この公害対策において確立されてきた原則が汚染者負担の原則である。汚染物質の排出は オ 経済であるが，汚染者負担の原則によって オ 経済の カ 化がはかられ，費用を負担する企業は排出しないように努めるので公害防止に有効である。

よく出る (1) 空欄ア〜カに当てはまる語を答えなさい。

ア〔　　　　　〕イ〔　　　　　〕ウ〔　　　　　〕
エ〔　　　　　〕オ〔　　　　　〕カ〔　　　　　〕

(2) 下線①を何というか。　　　　　　　　　　　　　　　　〔　　　　　　　　〕

2 循環型社会

次の文章を読んで，あとの問いに答えなさい。

1990 年代以降は，工場排出物などを原因とする大型の産業公害が減る一方で，自動車の排気ガスや騒音，生活排水などを原因とする都市型・生活型の公害や地球レベルの環境問題が深刻化してきた。そこで重点も，公害対策から環境保全へと移る。1993 年，公害対策基本法に代わり環境保全に重点を置く ア 法が制定された。1997 年には イ 法が制定された。 イ とは開発による環境への影響を事前に調査・予測・評価することである。地方では以前から イ 条例として導入されていたものである。

環境保全のためには，①社会を循環型に変えていく必要がある。そのために，さまざまな法律が整備されている。

よく出る (1) 空欄ア・イに当てはまる語を答えなさい。

ア〔　　　　　〕イ〔　　　　　〕

(2) 下線①に関し，3R という言葉がある。その中から，リユースを漢字 3 字で，リサイクルを漢字 4 字で言い換えなさい。　　リユース〔　　　　　〕　リサイクル〔　　　　　〕

(3) 温室効果ガスを出すエネルギーに課す税を一般的に何というか。　　〔　　　　　　〕

発展 (4) 環境に配慮した取り組みの国際規格をつくり，実行している企業を認証するなどしている民間機関は何か，答えなさい。　　　　　　　　　　　　　　　　　　　　　〔　　　　　　　　　　　〕

3 地球環境問題

次の文章を読んで，あとの問いに答えなさい。

1972年，スウェーデンのストックホルムで「　ア　」をスローガンに①国連人間環境会議が行われた。その後，1992年に，ブラジルのリオデジャネイロで②「持続可能な開発」をスローガンに地球サミットが行われた。そこでは，環境と開発に関する　イ　宣言，持続可能な開発のための行動計画である　ウ　，生物の　エ　の保全を規定する生物　エ　条約，気候変動枠組み条約などが採択・署名された。

1997年には京都で気候変動枠組み条約　オ　が行われ，温室効果ガスの排出量削減の数値目標を入れた京都議定書が採択された。2002年にも③地球環境問題に関する会議が南アフリカ共和国のヨハネスブルクで開かれ，地球サミットで採択された行動計画の実施状況の検証が行われた。

よく出る (1) 空欄ア〜オに当てはまる語を答えなさい。

ア〔　　　　　　　　〕　イ〔　　　　　　　　〕　ウ〔　　　　　　　　　〕

エ〔　　　　　　　　〕　オ〔　　　　　　　　〕

(2) 下線①で採択された宣言名と設立された機関名を答えなさい。

宣言〔　　　　　　　　〕　機関〔　　　　　　　　　〕

(3) 下線②に関して述べた以下の文のうち，内容が正しいものを1つ選び，記号で答えなさい。

ア 「持続可能な開発」とは，地球の開発は先進国で行い，その利益を発展途上国の環境維持に回すという意味である。

イ 「持続可能な開発」とは，一切の開発をいったんやめ，将来の世代の環境を守れる見込みを得た後で開発を再開するという意味である。

ウ 「持続可能な開発」とは，将来の世代が受けるべき利益を損なわない開発という意味である。

エ 「持続可能な開発」とは，途上国の利益を損なわない範囲で行う先進国の開発という意味である。

〔　　　　　〕

(4) 下線③の名称を答えなさい。　　　　　　　　　　　　　　　〔　　　　　　〕

(5) 次のア〜ウを定める国際条約の名称を答えなさい。

ア 重要な湿地の保護　　　　　　　　　　　　　　　　　　〔　　　　　　〕

イ 絶滅の恐れのある動植物の取引規制　　　　　　　　　　〔　　　　　　〕

ウ 有害廃棄物の越境移動の規制　　　　　　　　　　　　　〔　　　　　　〕

6 │ 社会保障と労働問題

1 社会保障の課題と少子高齢化

1 社会保障の歴史

- 恩恵として始まる…**エリザベス救貧法**（世界初の公的扶助）
- 徐々に権利へ…ビスマルク（社会保険）・アメリカ（社会保障法）・イギリス（ベバリッジ報告）・ILO（フィラデルフィア宣言）

2 社会保障制度のしくみ

- ❶社会保障制度の構造
- ❷**医療保険**…国民皆保険
- **年金保険**…国民皆年金・❸**国民年金と厚生年金の２階建て**・世代間扶養の賦課方式

3 社会保障の財源

- **国民負担率**
  国民所得に占める租税・社会保障負担の割合
- 公費と保険料の負担割合
  ・公的扶助中心のイギリス・北欧型
  ・社会保険中心のヨーロッパ大陸型

4 少子高齢化

- 給付の削減と負担増
- **ノーマライゼーション** ⇒ そのためのバリアフリー・ユニバーサルデザイン

2 労働問題と現代の雇用

1 労働運動のあゆみ

- 劣悪な労働条件 ⇒ ①労働運動　②労働組合　③国際組織（国際労働機関［ILO］）

2 労働三法

- **労働組合法**…労働三権を保障
- ❹**労働関係調整法**…労働争議を予防・解決
- **労働基準法**…労働条件の最低基準を定める
  ※ただし❺**法定労働時間の例外あり**

3 労働問題の課題

- ❻**公務員の労働三権の制限**
- **三大雇用慣行**（終身雇用制・年功序列型賃金制・企業別労働組合）**の見直し**
- **長時間労働・賃金格差** ⇒ 働き方改革

---

❶ 社会保障制度の構造

社会保障	①社会保険	医療保険 年金保険 雇用保険 労災保険 介護保険
	②公的扶助	
	③社会福祉	
	④公衆衛生	

❷ 医療保険の構造

医療保険	民間企業の従業員……健康保険
	自営業者・一般国民…国民健康保険
	公務員ら………………共済組合保険
	75歳以上………………後期高齢者 医療制度

❸ 年金保険の構造（国民年金と厚生年金の２階建て）

	厚生年金
国民年金（基礎年金）	国民年金（基礎年金）
自営業者・一般国民	民間企業の従業員・公務員ら

❹ 労働関係調整法に定められた３つの調整方法

斡旋（弱）　調停　仲裁（強）
←労働委員会の強制力が強まる

❺ 法定労働時間の例外
①フレックスタイム制
②変形労働時間制
③裁量労働制（みなし労働時間制）

❻ 公務員の労働三権の制限

		団結権	団体交渉権	団体行動権
民間企業の労働者		○	○	○
公務員	一般の公務員 （国・地方）	○	△ （半分程度）	×
	警察職員・ 消防職員・ 自衛隊員など	×	×	×

注）△は、「団体交渉は可能だが、その成果としての労働協約を締結する権利はない」という、団体交渉権制限の状況を示す。

社会保障の課題と少子高齢化

❶ 王の恩恵にもとづく世界初の公的扶助といわれるイギリスの法の名称は何か。 〔　　　　　　　〕

❷ 機械の導入で仕事を奪われた労働者らによる機械打ち壊し運動を何というか。 〔　　　　　　　〕

❸ 社会保障の4分野は, 社会保険, 社会福祉と何か。2つ答えなさい。 〔　　　　　　　〕
〔　　　　　　　〕

❹ 社会保険には5つの種類がある。医療保険, 年金保険, 雇用保険と何か。2つ答えなさい。 〔　　　　　　　〕
〔　　　　　　　〕

❺ 1961年からすべての国民が年金制度に加入する状態となった。これを何というか。 〔　　　　　　　〕

❻ その時の現役世代から徴収した保険料で, その時の年金受給者への給付を行う方式を何というか。 〔　　　　　　　〕

❼ 国民所得に占める租税・社会保障負担の割合を何というか。 〔　　　　　　　〕

❽ 各国の公費と保険料の負担割合において, フランス・ドイツなど社会保険中心で保険料の割合が高いものを何型というか。 〔　　　　　　　〕

❾ 1人の女性が生涯に産む子どもの数の平均を何というか。 〔　　　　　　　〕

❿ 高齢者や障害者と, 健常者が共生できる社会づくりをあらわす言葉を答えなさい。 〔　　　　　　　〕

労働問題と現代の雇用

⓫ 労働者の権利を擁護する国際組織として, 1919年に設立された機関は何か。 〔　　　　　　　〕

⓬ 労働基本権を具体化するため制定された3つの法をまとめて何というか。 〔　　　　　　　〕

⓭ 労働組合との団体交渉で合意した事項は何と呼ばれるか。 〔　　　　　　　〕

⓮ 使用者の労働組合活動への妨害行為は何と呼ばれるか。 〔　　　　　　　〕

⓯ 労働争議を予防・解決し, 労使間の調整を図る法律を何というか。 〔　　　　　　　〕

⓰ 国家公務員に対する労働三権の制限の代償として, ある行政委員会が行う勧告を何というか。 〔　　　　　　　〕

⓱ 一人当たりの労働時間を減らして, より多くの人の雇用を生み出すことを何というか。 〔　　　　　　　〕

1　日本の社会保障Ⅰ

次の文章を読んで，あとの問いに答えなさい。

社会保障は　ア　・公的扶助・　イ　・公衆衛生の4分野で構成される。

　ア　には，医療保険・年金保険・　ウ　保険・労災保険・介護保険という5つの種類がある。

医療保険は，病気になった場合などに，医療費の給付や医療サービスが受けられる保険である。民間企業の従業員は健康保険，自営業者などは　エ　，公務員らは共済組合保険，75歳以上は　オ　制度に加入する。1961年からすべての国民が医療保険に加入する国民　カ　となった。

①年金保険は，高齢者となった時や障害を負った場合に年金が受けられる保険である。

よく出る (1)　空欄ア～カに当てはまる語を答えなさい。

ア〔　　　　　　　　　〕　イ〔　　　　　　　　　〕　ウ〔　　　　　　　　　〕

エ〔　　　　　　　　　〕　オ〔　　　　　　　　　〕　カ〔　　　　　　　　　〕

(2)　下線①に関する文として誤っているものを1つ選び，記号で答えなさい。

ア　1961年からすべての国民が年金制度に加入する国民皆年金となった。

イ　制度間の格差解消を目的に，公的年金の多元化の方向が示され，1985年に基礎年金制度が導入された。

ウ　基礎年金制度の導入で，民間企業の従業員，公務員らには基礎年金にもう1つの年金が上乗せされる2階建てのしくみになった。

エ　2015年から，共済年金は厚生年金に統合された。　　　　　　　　　　〔　　　　　〕

2　日本の社会保障Ⅱ

次の文章を読んで，あとの問いに答えなさい。

公的扶助として実施される生活保護は，生活困窮者に最低限度の生活を保障する制度である。社会保険とは違い無拠出で，　ア　法にもとづき全額公費で行われる。地方公共団体の　イ　が窓口となる。扶助には，生活・教育・医療などの8種類がある。

社会福祉は，高齢者・児童・障害者など社会的弱者やハンディキャップを抱えている人々に，援助やサービスの提供を行うことである。社会福祉法や　ウ　法（児童福祉法，身体障害者福祉法など6つの法をまとめて呼ぶ）を中心に行われる。

公衆衛生は，伝染病の予防など国民の健康保持と生活環境の整備を行うことである。　エ　が活動の中心となる。

よく出る (1)　空欄ア～エに当てはまる語を答えなさい。

ア〔　　　　　　　　　〕　イ〔　　　　　　　　　〕　ウ〔　　　　　　　　　〕

エ〔　　　　　　　　　〕

(2)　車椅子を阻む段差など高齢者・障害者の生活上の障害を除去することを何というか。

〔　　　　　　　　　〕

3 労働三法

次の文章を読んで，あとの問いに答えなさい。

賃金支払いのルールや，労働条件の最低基準を定めた法律を ア 法という。この基準に満たない労働契約・就業規則・労働協約は無効である。基準が守られているかどうかを監督するのは，労働基準局と イ 署である。なお， ア 法には1日8時間，週40時間の法定労働時間を超えてはならないという規定があるが，①例外も認められている。

よく出る (1) 空欄**ア・イ**に当てはまる語を答えなさい。

ア〔　　　　　　　　〕イ〔　　　　　　　　〕

(2) 下線①に関し，1カ月・1年を平均して法定労働時間を超えなければ，特定の日や週に法定労働時間を超えてもよいという例外を何というか。　〔　　　　　　　　〕

(3) 不当労働行為があった場合に救済命令を出す行政委員会の名称は何か。　〔　　　　　　　　〕

4 労働問題における近年の課題

次の文章を読んで，あとの問いに答えなさい。

働き方改革推進のため，2018年に ア 法が制定された。この法律によって，労働基準法，労働者派遣法，労働契約法などが一挙に改正され，従来のパートタイム労働法もパートタイム・有期雇用労働法に改正された。この中で長時間労働の是正が図られ， イ の原則も明確化された。ICT（情報通信技術）の発達と，新型コロナウイルス感染症対策は働き方を大きく変えた。インターネットなどのICTを活用し，自宅などで仕事をする ウ が大幅に拡大した。また，人間と同じように言葉の理解，推論，判断などの知的行動ができるコンピューターシステムである エ との協働で，労働生産性の向上が期待できる環境が整いつつある。こうした中で，①仕事と生活との調和の実現がめざされている。

よく出る (1) 空欄**ア〜エ**に当てはまる語を答えなさい。

ア〔　　　　　　　　〕イ〔　　　　　　　　〕ウ〔　　　　　　　　〕
エ〔　　　　　　　　〕

(2) 下線①をカタカナで何というか。　〔　　　　　　　　〕

発展 (3) 合理的理由のない解雇の無効を定めるなど，労働者の保護，労働関係の安定を図る2007年制定の法は何か。　〔　　　　　　　　〕

(4) 日本には，日本的経営といわれた3つの慣行（三大雇用慣行）があったが，近年見直されている。その1つである，年齢のアップに応じて賃金もアップする賃金制を何というか。

〔　　　　　　　　〕

解答・解説は別冊 p.16

得点

/100

1 次の文章を読んで，あとの問いに答えなさい。 （各6点　計30点）

　産業資本主義の下で自由競争が行われている市場では，競争に勝った企業は弱い企業を吸収・合併して規模を拡大していく。こうして①資本の集積・集中が行われ，19世紀末の資本主義は，少数の大企業が主要な産業を支配する　ア　資本主義という段階に入った。

　しかし，　ア　資本主義も，20世紀に入ると再び変化する。20世紀に入ると，激しい貧富の格差と，急激な景気の後退で周期的に起こる恐慌が放置できないレベルになったのである。特に1929年からの　イ　は極めて深刻で，各国はかつてない経済混乱にみまわれた。こうした経験から，各国は新しい資本主義を採用した。これが修正資本主義である。

　この修正資本主義を理論づけたのがケインズの有効需要政策である。②有効需要政策の代表例がアメリカのフランクリン゠ローズヴェルト大統領が行った　ウ　政策である。

(1) 空欄**ア～ウ**に当てはまる語を答えなさい。

(2) 下線①に関連して，持株会社（親会社）が，さまざまな業種の企業を株式保有を通じてピラミッド型に支配するグループを何というか。

(3) 下線②の有効需要とは何か。**ア～エ**から適切なものを1つ選び，記号で答えなさい。

　ア　有効需要とは，自由競争に裏づけられた需要である

　イ　有効需要とは，購買力に裏づけられた需要である

　ウ　有効需要とは，労働意欲に裏づけられた需要である

　エ　有効需要とは，供給力に裏づけられた需要である

(1)	ア		イ		ウ	
(2)			(3)			

2 次の文章を読んで，あとの問いに答えなさい。 （(1)各5点，(2)(3)各6点　計22点）

　第二次世界大戦後，ケインズの有効需要政策（ケインズ主義）が，資本主義諸国の経済政策の主流となったが，石油危機（1970年代）以後，ケインズ主義の弊害，すなわち①インフレが目立つようになり，反ケインズ主義が台頭した。フリードマンらが主張したマネタリズムなどである。ケインズ主義の行き過ぎた市場介入をやめ，②市場機構・自由競争を重視し，政府の役割も縮小し　ア　の方向をめざすものである。　イ　主義とも呼ばれる。

(1) 空欄**ア・イ**に当てはまる語を答えなさい。

(2) 下線①のインフレに関して述べた以下の文の中から誤りのあるものを1つ選び，記号で答えなさい。

　ア　インフレーションは，「物」から見れば価値の上昇であるが，「通貨」から見れば，価値の下落を意味する。

　イ　インフレーションでは一般的に，「物」を持つ人が損をするが，「通貨」から見れば価値の

上昇であり，同じ金額で前よりも多くのものを購入できるようになり，「通貨」を持つ人は得をする。

ウ インフレーションは一般的に，土地・マンションなど資産を持つ人は得をし，年金や賃金生活者など固定した通貨収入で生活する人は損をする。

エ インフレーションは一般的に，借金のある人は通貨価値の下落分だけ返済の負担が軽くなり得をする。

(3) 下線②に関連して，2001年に自民党の小泉純一郎内閣が成立すると，規制緩和・民営化をすすめた。この改革は何と呼ばれたか。

(1)	ア		イ	
(2)		(3)		

3 次の文章を読んで，あとの問いに答えなさい。

プラザ合意の結果，輸出は停滞し不況になったため，日銀は公定歩合を引き下げ，思い切った金融緩和策を行った。この結果，不況は乗り切ったが，過剰に供給された資金で，1986～91年に ア と呼ばれる空前の好景気となってしまう。

政府・日銀が，公定歩合の引き上げ，土地関連融資の総量規制などの対策をとると，1991年から景気は下降し，株価，地価は暴落し， ア は崩壊した。企業倒産が相次ぎ，銀行は不良債権に苦しみ，銀行は資金を貸さなくなる イ に走った。企業は人員削減である ウ を行い，デフレ・スパイラルに陥り，景気の回復には10年以上かかった。

以後も日本経済は多くの問題に悩まされ，現在も，①社会福祉の問題，②中小企業問題，③農業再生，④消費者問題，⑤働き方改革への対応など多くの課題に直面し，解決に向けた取り組みが求められている。

(1) 空欄**ア～ウ**に当てはまる語を答えなさい。

(2) 下線①に関連し，誰でも利用できるように工夫された施設や製品の設計を何というか。

(3) 下線②に関連し，ベンチャー企業による新分野開拓など，企業家による不断のイノベーションが経済を発展させてきたと主張したオーストリアの経済学者は誰か。

(4) 下線③に関連し，GATTのウルグアイ・ラウンドでは，日本はコメの輸入自由化を強く求められたが，輸入禁止をやめる代わりに関税に置き換えることを，当時何といったか。

(5) 下線④に関連し，一定期間内であれば，契約を無条件で（違約金なしに）解除できる制度を何というか。

(6) 下線⑤に関連し，職場における性的な嫌がらせを何というか。

(1)	ア		イ		ウ	
(2)			(3)		(4)	
(5)			(6)			

1 次の問いに答えなさい。

　あるクラスで，各人がテーマを決めてそれぞれがプレゼンテーション（プレゼン）をすることになった。以下は花子さんのプレゼンである。

花子：私は，「ゲーム理論を使って環境問題を考える」というテーマで発表します。「ゲーム理論」とは人間間の相互依存の関係を分析するものです。ここでは「共有地(コモンズ)の悲劇」というゲーム理論を使います。

①の段階　10人の村人A〜Jがいて1人10頭の羊を飼っています（羊の価値は1頭100万円）。村には共有地があって100頭分の牧草はまかなえます。100頭が牧草を食べても牧草は自然回復できました。幸せな村でした。

②の段階　しかしここから悲劇が始まります。A・B・Cの3人がもっと儲けようとして，羊を1頭ずつ増やしたのです。すると103頭分の牧草は共有地ではまかなえず，羊は栄養不足になり100万円の価値のあった羊はみな97万円になりました。

③の段階　さらに悲劇は深刻化しました。残りの7人も1頭ずつ増やしてしまったのです。栄養不足がたたり，羊の価値はとうとう90万円に。

私の結論
さらに人々は儲けようとして羊を増やし，その結果すべての羊が餓死して，この村は終わりました。地球環境問題も同じ構造だと思いました。利益を優先する国が自分の利益の確保のために温室効果ガスを出し続けると，初めは地球の回復力もあって全体の被害は顕在化しませんが，次第に地球環境は悪化し，利益を確保していた国の状況も徐々に悪化し，やがて④地球全体も破滅に向かうというものです。

問題

(1)　①〜③の段階の状態について述べた**ア〜カ**の文の中で，誤っているものを1つ選びなさい。

　ア　②の段階 では，村の総資産（村の羊の価値の合計）は9991万円である。

　イ　①の段階 では，村の総資産（村の羊の価値の合計）は1億円である。

　ウ　③の段階 では，A〜Jのそれぞれの資産（羊の価値の合計）は ①の段階 よりも減ってしまった。

　エ　②の段階 では，A・B・Cそれぞれの資産（羊の価値の合計）は ①の段階 より増えている。

　オ　②の段階 では，D〜Jそれぞれの資産（羊の価値の合計）は ①の段階 より減っている。

　カ　②の段階 では，村の総資産（村の羊の価値の合計）は，他の段階よりも多かった。

〔　　　　　〕

(2)　次の**ア・イ**の取り組みでは，必ずしも下線④地球全体も破滅に向かうのを防ぐことはできないと考えられる。各々についてその理由を説明しなさい。

ア 　将来世代の利益を損なわない「持続可能な開発」を含むすべての開発を，国際的に禁止する。

イ 　森林を焼き払って行う農法である焼畑を実施している発展途上国への経済援助をやめる。

ア

イ

2 　次の問いに答えなさい。

　あるクラスで，各人がテーマを決めてそれぞれがプレゼンをすることになった。以下は太郎さんのプレゼンである。

太郎：私は，経済活動が，市場内の当事者である売り手（供給者）と買い手（需要者）以外の第三者に
　　　影響を与える外部効果について，特に農業に関心を持って調べました。

画面① 　| 外部効果
　　　　　　…第三者に悪影響 ⇒ 外部不（負）経済（工場排出物による公害など）
　　　　　　　第三者に好影響 ⇒ 外部経済（稲作による環境保全や洪水防止への寄与など）

画面② 　| 稲作で考える外部経済

　　　　　誰への好影響か 　　　　　 ⇒ 　 **A** 　と 　 **B** 　以外の， 　 **C** 　への好影響

　　　　　外部経済発揮への
　　　　　取り組みを促す法律 　　　 ⇒ 　 **D** 　法（1999 年制定）

　　　　　安全でおいしい
　　　　　コメの輸出 　　　　　　　 ⇒ 　「日本 **E** 」の輸出促進で日本のイメージアップ

問題

(1) 　 **A** ・ **B** ・ **C** 　に入る語句の組み合わせとして適切なものを，**ア〜ウ**から選びなさい。

　ア 　A：コメの消費者　　　　　B：一般国民　　　　　C：稲作農家

　イ 　A：稲作農家　　　　　　　B：コメの消費者　　　C：一般国民

　ウ 　A：一般国民　　　　　　　B：稲作農家　　　　　C：コメの消費者　　　　　〔　　　　〕

(2) 　 **D** 　に入る語句を答えなさい。　　　　　　　　　　　　　　　　　〔　　　　〕

(3) 　 **E** 　には，高いお金を払っても買いたいと思わせる日本のコメの価値（強み）を示す語が入る。

　カタカナ４字で答えなさい。　　　　　　　　　　　　　　　　　　　　　　　〔　　　　〕

第1章　国際政治の動向と課題

1 │ 国際連合と冷戦

│ STEP 1 │ 重要ポイント

1 主権国家と安全保障

1 国際社会の成立

- ウェストファリア条約
- **国際法**
  - ・グロティウス（「国際法の父」）
  - ・❶国際慣習法と条約

2 安全保障の二方式

- **勢力均衡方式**…力のバランス
- ❷**集団安全保障方式** ⇒ 国際連盟・国際連合

2 国際連合のあゆみ

1 国際連盟の成立と失敗

- 1920年発足 ・❸国際連盟の欠陥

2 国際連合の成立と主要機関

- 1945年発足
- ❹**6つの主要機関**
- **総会**と❺**安全保障理事会**

3 平和への取り組み

- 憲章に定める国連軍は組織されたことがない
- ❻**国連平和維持活動（PKO）**…慣行

4 国連改革

- **安保理改革**など

3 冷戦と冷戦後の世界

1 冷戦前期（1945〜1955年）

- アメリカ⇔ソ連（東西の軍事同盟）

2 冷戦中期（1955〜1979年）

- 緊張緩和　・多極化　・対立激化

3 冷戦終結まで（1979〜1991年）

①新冷戦（ソ連のアフガニスタン侵攻）

②冷戦の終結

　1985年ソ連にゴルバチョフ登場

　　{ ペレストロイカ（改革）・グラスノスチ
　　（情報公開）・新思考外交（協調外交）

　1989年ベルリンの壁崩壊

　　マルタ宣言（米ソが冷戦終結を宣言）

4 冷戦終結後（1990〜）

- 民族紛争などで冷戦期よりも不安定化

❶　国際慣習法と条約

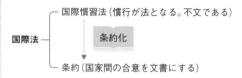

❷　**集団安全保障方式**

A国がB国を侵略。残りの
すべての国でA国を制裁。

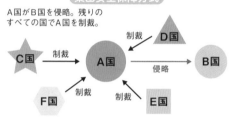

❸　国際連盟の欠陥

・全会一致制…議決方式が全会一致制
　　　　　　　　　（迅速な意思決定ができず）

・不十分な強制力…決定は拘束力のない勧告にとどまり、また侵略国に軍事制裁ができず

・大国の不参加…連盟の提唱国であるアメリカと、ソ連が不参加（ソ連は後に参加）

❹　**国際連合の6つの主要機関**

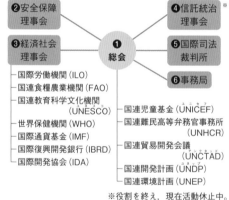

※役割を終え、現在活動休止中。

❺　安全保障理事会（安保理）の権限

・平和と安全に責任を負う
・軍事的措置もとれる
・決定は加盟国を法的に拘束する（総会よりも強い権限）
・常任理事国5カ国（アメリカ・イギリス・フランス・ロシア・中国）は拒否権を持つ

❻　国連平和維持活動（PKO）

・停戦監視・兵力引き離しなどが任務
・慣行として確立（国連憲章に規定なし）
・冷戦後、任務多様化
　　（伝統的PKOから多機能型・複合型PKOへ）

主権国家と安全保障

❶ 「国際社会」の原型を形づくった，ヨーロッパで結ばれた条約は何か。 〔　　　　〕

❷ 「国際法の父」といわれる人物は誰か。 〔　　　　〕

❸ 国際社会の慣行が法として認められるようになったものを何と呼ぶか。 〔　　　　〕

❹ 各国が公海を自由に使用できるという国際慣習法の名称は何か。 〔　　　　〕

❺ 大きな集団をつくり，他国への侵略などをした国が現れれば残りすべての
国が制裁を加え，平和を維持するという安全保障のやり方を何というか。 〔　　　　〕

国際連合のあゆみ

❻ 国際連盟の設立を提唱したアメリカ大統領は誰か。 〔　　　　〕

❼ 国際連盟の欠陥の1つに，議決方式が，すべての加盟国の賛成を必要と
するものであったことがあげられる。この議決方式の名称は何か。 〔　　　　〕

❽ 拒否権の乱発で安保理が有効に機能しなかったため，1950年の朝鮮戦
争の時に総会が採択した決議の名称は何か。 〔　　　　〕

❾ 国際連合の6つの主要機関の1つで，多くの専門機関と連携し，国際協
力を推進する機関の名称は何か。 〔　　　　〕

❿ 世界の人々の健康を守るために活動している国連の専門機関は何か。 〔　　　　〕

⓫ 国際連合の6つの主要機関の1つで，国際紛争を裁く裁判所は何か。 〔　　　　〕

⓬ 本来の国連軍（国連憲章に定める国連軍）に代わるものとして行われて
きた国連の活動は何か。 〔　　　　〕

冷戦と冷戦後の世界

⓭ 第二次世界大戦後の，アメリカを中心とする資本主義諸国（西側）と，ソビ
エト連邦（ソ連）を中心とする社会主義諸国（東側）との対立を何というか。 〔　　　　〕

⓮ 西側諸国が1949年に結成した軍事同盟は何か。 〔　　　　〕

⓯ 冷戦中期に，米ソの2極の内外で新たな「極」（勢力）が生まれる動き
が見られた。これを何というか。 〔　　　　〕

⓰ 1985年にソ連共産党書記長に就任し，冷戦を終結させた人物は誰か。 〔　　　　〕

⓱ 米ソ首脳が冷戦の終結を告げた宣言の名称は何か。 〔　　　　〕

解答・解説は別冊 p.18

1　国際連盟

次の文章を読んで，あとの問いに答えなさい。

　　アー方式で第一次世界大戦が防げなかった反省のうえに，集団安全保障の考えにもとづく機構として生まれたのが，国際連盟である。アメリカ大統領ウィルソンが「　イ　」の中で提唱し，第一次世界大戦の講和条約であるベルサイユ条約（1919年）によって設立が決まった。スタート時の加盟国は42カ国で，本部はスイスのジュネーブに置かれた。主要機関として総会，理事会，その他関係機関として常設国際司法裁判所，　ウ　などがあった。しかし①国際連盟には欠陥があり，第二次世界大戦を防ぐことはできなかった。

よく出る (1)　空欄ア〜ウに当てはまる語を答えなさい。なお　ウ　は，現在も，国際連合の専門機関として続いている。

　　　　　　　ア〔　　　　　　　　　〕　イ〔　　　　　　　　　　〕　ウ〔　　　　　　　　　〕

(2)　下線①に関して，以下は国際連盟の欠陥を述べている。誤りのあるものを1つ選び，記号で答えなさい。

　ア　連盟の提唱国であり，第一次世界大戦後の世界の中心となったアメリカが，上院の反対で加盟できず，社会主義国ソ連も当初は加盟を許されなかった。

　イ　関係機関の国際司法裁判所に，強制管轄権がないため，裁判開始には紛争当事国双方の同意が必要であり，紛争解決機能が不十分であった。

　ウ　議決方式が，すべての加盟国の賛成を必要とする全会一致制であったために，迅速な意思決定ができなかった。

　エ　決定は拘束力のない勧告にとどまり，また侵略国への制裁も経済制裁に限られ，軍事制裁ができなかった。　　　　　　　　　　　　　　　　　　　　　　　　　　　　　　　　〔　　　　〕

2　国際連合

次の文章を読んで，あとの問いに答えなさい。

　　国際連盟の失敗の教訓のうえにできたのが国際連合である。1945年に国際連合憲章が採択され51カ国でスタートしたが，現在では地球上のほぼすべての国(2022年現在，加盟国数193カ国)が加盟している。国際連合は①総会，②安全保障理事会（安保理），③経済社会理事会など6つの主要機関からなる。

発展 (1)　下線①に関して，国連総会による決議はどのように行われるか説明しなさい。

　　〔　　〕

発展 (2)　下線②に関して，安全保障理事会では，5つの常任理事国（アメリカ・イギリス・フランス・ロシア・中国）に拒否権がある。どうしてこのような制度があると考えられるか，簡単に説明しなさい。

　　〔　　〕

(3)　下線③に関して，国連の専門機関である国連教育科学文化機関のアルファベットの略称は何か。

　　　　　　　　　　　　　　　　　　　　　　　　　　　　　　〔　　　　　　　　　　　　　　〕

3 冷戦中期

次の文章を読んで，あとの問いに答えなさい。

冷戦の中期には，対立激化もあるが，対立がゆるむ①緊張緩和と，米ソの2極の内外で新たな「極」が生まれる多極化の動きが見られた。

1955年には，インドネシアのバンドンで　ア　会議が行われ平和十原則を採択した。1960年には，アフリカで17の新興国が生まれ，「アフリカの年」と呼ばれた。同年の国連総会では，植民地主義の終結をうたう　イ　宣言が採択された。1961年には，旧ユーゴスラビアに，米ソいずれの軍事同盟にも加盟しない立場をとる25カ国が集まり第1回　ウ　首脳会議が開かれ，その存在を世界にアピールした。

一方，対立激化の出来事としては，ソ連が同盟国にミサイル基地を建設し，アメリカが強硬に撤去を求め，核戦争の瀬戸際まで緊張が高まった事件もあった。この事件は　エ　と呼ばれる。

(1) 下線①をカタカナで言い換えなさい。　　　　　　　　　　　〔　　　　　　　　〕

よく出る (2) 空欄ア〜エに当てはまる語を答えなさい。

ア〔　　　　　　　〕　イ〔　　　　　　　　〕　ウ〔　　　　　　　　　〕

エ〔　　　　　　　〕

4 冷戦の終結

次の文章を読んで，あとの問いに答えなさい。

ソ連のアフガニスタン侵攻によって再び東西対立が激化したが，1985年にソ連共産党書記長にゴルバチョフが就任すると，①ペレストロイカ（改革）をかかげて政策を進め，対立は解消に向かった。この自由化・民主化への流れは，ソ連の影響下にあった東欧諸国にも及び，1989年には東欧諸国の独裁的共産党政権が相次いで倒れる　ア　が起こった。そして冷戦の象徴であった　イ　が崩壊し，マルタ会談で米ソ首脳が冷戦の終結を宣言した。

冷戦終結後の1990年に東西ドイツが統一され，1991年には　ウ　が消滅し，安保理常任理事国など，その地位は　エ　が継承した。

よく出る (1) 下線①に関して，ゴルバチョフの基本政策を示す語句を2つ選び，記号で答えなさい。

ア　新冷戦　　イ　グラスノスチ　　ウ　雪どけ　　エ　新思考外交

〔　　　〕〔　　　〕

(2) 空欄ア〜エに当てはまる語を答えなさい。

ア〔　　　　　　　〕　イ〔　　　　　　　　〕　ウ〔　　　　　　　　　〕

エ〔　　　　　　　〕

2 | 核軍拡競争と日本外交

1 核軍拡競争と核管理・核軍縮

1 ❶核軍拡競争の展開

- 1945 年 アメリカ原子爆弾開発 ⎫ 以後,
- 1949 年 ソ連原子爆弾開発 ⎭ 核開発競争
- 背景…**核抑止論**（恐怖の均衡）
  核で反撃できる能力を持てば，核攻撃を思いとどまらせることができるという理論

2 核の管理と軍縮

- 1963 年**部分的核実験禁止条約**（PTBT）
- 1968 年**核拡散防止条約**❷（NPT）⇒ 不平等
- ❸米ソ（ロ）の核軍縮

3 平和への取り組み

- 1954 年**第五福竜丸事件**
- 1955 年**第 1 回原水爆禁止世界大会**
- 1957 年から**パグウォッシュ会議**
- 1996 年「核兵器の使用は国際法違反」
  （国際司法裁判所の勧告的意見）
- 各種の❹**兵器禁止条約**

2 世界の紛争

- ❺世界各地の紛争
- アメリカ…アメリカ同時多発テロ事件

3 戦後の日本外交の基本

- 占領の終了と独立の回復
  1951 年**サンフランシスコ平和条約**で独立
- 対アメリカ
  1951 年**日米安全保障条約**で西側入り
- 対ソ連（ロシア）…1956 年**日ソ共同宣言**
  （❻北方領土問題で平和条約結べず）
- 対国連…1956 年国連加盟
  （日ソ共同宣言を受けてソ連が加盟を支持）
- 対韓国…1965 年**日韓基本条約**
  現在，領土問題（❻竹島）で対立
- 対中国…1978 年**日中平和友好条約**
  現在，中国が❻尖閣諸島の領有権を主張し対立
- 対北朝鮮…2002 年**日朝平壌宣言**（核問題解決合意，日本人拉致も認める）が出るも無効化

---

❶ 核兵器の射程距離での分類（核軍縮条約における定義）
- 長距離……戦略核兵器
  （ICBM や SLBM などで運搬される）
- 中距離……戦域核（中距離核）兵器
- 短距離……戦術核兵器

※一般的に，米ソ（ロ）が相手の領土を直接攻撃できる戦略兵器が最も破壊力が強い。

❷ 問題となっている NPT の不平等性
- 5 大国には核保有を認めるが，非保有国には今後の核保有を認めない。
- 非保有国にのみ IAEA（国際原子力機関）の核査察を義務づける。

❸ 米ソ（ロ）の核軍縮条約

年表でcheck!

1987 年	中距離核戦力 (INF) 全廃条約
1991 年	第一次戦略兵器削減条約（START I）
1993 年	第二次戦略兵器削減条約（START II）
2002 年	戦略攻撃能力削減条約（モスクワ条約）
2010 年	新戦略兵器削減条約（新START）

❹ 採択された兵器禁止条約
  生物兵器禁止条約，化学兵器禁止条約，
  対人地雷全面禁止条約，クラスター爆弾禁止条約，
  核兵器禁止条約

❺

世界各地の紛争

❻ 北方領土・竹島・尖閣諸島の位置

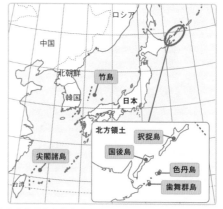

解答・解説は別冊 p.18

核軍拡競争と核管理・核軍縮

❶ 核兵器で反撃する能力を持つことにより相手国の核攻撃を思いとどまらせることができるという考え方を何というか。　〔　　　　　　〕

❷ 核兵器を射程距離で分類した場合，長距離で，最も破壊力が強いといわれるものは何か。　〔　　　　　　〕

❸ 1963 年に結ばれた，地下核実験を除く核実験を禁止する条約は何か。　〔　　　　　　〕

❹ 1954 年，アメリカの水爆実験で日本の漁船が被爆する事件が起こった。事件名を答えよ。　〔　　　　　　〕

世界の紛争

❺ セルビア共和国内の自治州（アルバニア系住民）が独立をめざし，それを許さないセルビア共和国との間で戦闘が広がった紛争を何というか。　〔　　　　　　〕

❻ 2022 年にロシアが全面的な軍事侵攻を行った国はどこか。　〔　　　　　　〕

❼ 「世界最悪の人道危機」といわれた，スーダン西部の紛争は何か。　〔　　　　　　〕

❽ 特定の政治目的達成のために行われる，殺害や破壊などの暴力行為（及びそれを容認する考え方）を何というか。　〔　　　　　　〕

❾ 2001 年，アメリカでイスラーム原理主義テロ組織アルカイダによる空前の規模のテロ事件が発生した。この事件の名称は何か。　〔　　　　　　〕

戦後の日本外交の基本

❿ 連合国の占領下にあった日本が独立を回復した条約は何か。　〔　　　　　　〕

⓫ ソ連（現ロシア）が不法占拠中の北方領土は，国後島，択捉島とどこか。残り 2 島の名称を答えよ。　〔　　　　　　〕　〔　　　　　　〕

⓬ 日本が韓国と国交を正常化した，1965 年の条約は何か。　〔　　　　　　〕

⓭ 韓国が不法に占拠している，日本固有の領土である島の名称を答えよ。　〔　　　　　　〕

⓮ 日本と中国（中華人民共和国）が国交を正常化するために，1972 年に調印した合意文書は何か。　〔　　　　　　〕

⓯ 日本の固有の領土であり，日本が有効に支配する島々の領有権を，中国が主張し領海侵犯事件が多発している。この島々の名称は何か。　〔　　　　　　〕

1　核の管理と軍縮

次の文章を読んで，あとの問いに答えなさい。

緊張緩和の流れやキューバ危機の教訓から，核保有国も核の管理に動き始めた。1963 年には地下核実験を除く核実験を禁止する部分的核実験禁止条約（PTBT）が結ばれ，1968 年には核の非保有国が新たに核兵器を保有することを禁止する　ア　が結ばれた。ただこの条約は，採択時にすでに核保有国となっていたアメリカ・ソ連・イギリス・フランス・中国の 5 大国には核保有を認めるうえ，非保有国にのみ　イ　の核査察を義務づける不平等なものであった。①インドはこうした不平等性を指摘し，条約に加盟せずに核を保有している。70 年代からは　ウ　核兵器を制限する交渉（SALT）が始まり，80 年代以降はソ連の②ゴルバチョフ政権の誕生，冷戦の終結で米ソ（ロ）の軍縮は進展した。

よく出る (1) 空欄ア〜ウに当てはまる語を答えなさい。

　　　ア〔　　　　　　　　〕イ〔　　　　　　　　　〕ウ〔　　　　　　　　　〕

(2) 下線①のインド（ヒンドゥー教徒が多い）と国境地域のカシミールをめぐる問題で対立し，インドとともに核兵器を保有しているイスラームの国はどこか。　　　　　　　　〔　　　　　　　　　〕

(3) 下線②の誕生直後の 1987 年に米ソの間で結ばれた，核戦力の全廃条約の名称を答えなさい。

　　　　　　　　　　　　　　　　　　　　　　　　　　　　　　　　　〔　　　　　　　　　〕

(4) 1997 年に採択された，地雷を禁止する条約の名称を答えなさい。　　　〔　　　　　　　　　〕

2　世界の紛争

次の文章を読んで，あとの問いに答えなさい。

パレスチナの土地をめぐるユダヤ人とパレスチナ人（パレスチナに住んでいたアラブ人）との紛争がパレスチナ紛争である。ユダヤ人による　ア　建国後，それに伴い土地を追われたパレスチナ難民（とそれを支援するアラブ諸国）とイスラエルとの間で紛争が続いている。第四次　イ　戦争が 1973 年の第一次石油危機のきっかけになるなど，国際社会にも影響を及ぼしてきた。1993 年，　ア　と，パレスチナ人（難民）を代表する政治組織である　ウ　との間でパレスチナ暫定自治協定が結ばれ，一時は解決の方向に動き出したが，その後紛争は再燃し解決は遠のいた。アメリカは　ア　を一貫して支援しており，それが①イスラーム系テロ組織がアメリカを標的とする理由の一つになっている。

よく出る (1) 空欄ア〜ウに当てはまる語を答えなさい。

　　　ア〔　　　　　　　　〕イ〔　　　　　　　　　〕ウ〔　　　　　　　　　〕

(2) 下線①に関連し，アメリカは，同時多発テロ事件を受けて，テロに関係したとされたアフガニスタンの政権を攻撃し崩壊させた。崩壊した政権の名称を答えなさい。　〔　　　　　　　　　〕

(3) 2003 年アメリカは，イラクのフセイン政権を国際テロの支援と大量破壊兵器の保持を理由に攻撃し崩壊させた。この出来事の名称を答えなさい。　　　　　　　　　　〔　　　　　　　　　〕

3 戦後の日本外交

次の年表は，戦後の日本外交の重要事項をまとめたものです。あとの問いに答えなさい。

1951 年	①サンフランシスコ平和条約
1951 年	②日米安全保障条約
1956 年	ア 宣言 イ 加盟
1965 年	③日韓基本条約
1978 年	ウ 条約
2002 年	④日朝平壌宣言

(1) 下線①・②に関して述べた以下の文の中で誤っているものを1つ選び，記号で答えなさい。

ア サンフランシスコ平和条約には，社会主義国が参加しなかったため，ソ連・中国（中華人民共和国）との講和が，その後の課題となった。

イ サンフランシスコ平和条約調印と同時に日米安全保障条約に調印し，正式にアメリカとの同盟，西側陣営入りを決めた。

ウ 日米安全保障条約の調印の結果，アメリカの支持が得られ日本の国連加盟が決まった。

エ 連合国の占領下にあった日本は，サンフランシスコ平和条約に調印し独立を回復した。

〔　　　　　〕

よく出る (2) 空欄**ア～ウ**に当てはまる語を答えなさい。

ア〔　　　　　　　　〕 イ〔　　　　　　　　　〕 ウ〔　　　　　　　　〕

(3) 下線③で日本は韓国を，朝鮮半島における「　A　な政府」として，国交を正常化した。空欄Aに入る語句を答えなさい。

〔　　　　　〕

(4) 下線④に関して述べた以下の文の中で誤っているものを1つ選び，記号で答えなさい。

ア 日朝平壌宣言では，国交正常化交渉の再開や核問題解決のための取り組みが合意された。

イ 日朝平壌宣言は，安倍晋三首相と金正日朝鮮労働党総書記の首脳会談で出された。

ウ 日朝平壌宣言では，北朝鮮は日本人拉致（北朝鮮へ強制的に連れ去ったこと）の事実を認めた。

エ 日朝平壌宣言後，北朝鮮は核開発を進め，核実験，ミサイル発射実験を行うなど宣言は無効化した。

〔　　　　　〕

定期テスト対策問題⑥

解答・解説は別冊 p.19

得点 /100

1 次の文章を読んで、あとの問いに答えなさい。 （各9点 計36点）

「国際社会」と呼ばれるものは、1648年のウェストファリア条約から始まったとされる。この条約で、各国は相互に平等で独立した主権を認め合った。ここに①主権国家を基本単位とする社会、すなわち国際社会が成立した。

国際社会の決まりが国際法である。国際法を最初に理論づけたのは、「国際法の父」といわれるオランダのグロティウスであった。主著『　ア　』の中で、　イ　法の原理にもとづく国際法によって、国家間の紛争を調整すべきだと主張した。国際法には国際慣習法と条約とがある。国際慣習法とは、国際社会の慣行が法として認められるようになったものである。国際慣習法は文書化はされていない。代表的な国際慣習法には、各国が公海を自由に使用できる公海自由の原則、外交官が任地で特権を認められる　ウ　などがある。一方、条約は国家間の合意を文書にしたものである。現在では国際慣習法の多くが条約化されている。

(1) 空欄**ア〜ウ**に当てはまる語を答えなさい。

(2) 下線①に関連する以下の文の中で誤っているものを1つ選び、記号で答えなさい。

ア 国際司法裁判所は国際紛争を裁く裁判所であるが、国家を当事者とする。

イ 国際連盟のスタート時の加盟国は42カ国で、本部はスイスのジュネーブに置かれた。

ウ 他国の支配・干渉を受けない独立国家である主権国家にとって、最大の関心事は安全保障である。

エ 「人間の安全保障」という概念は、「国家の安全保障」が確保できれば、国民も安全である、という意味である。

オ 国際連合は51カ国でスタートしたが、現在では190カ国以上が加盟している。

(1)	ア		イ		ウ	
(2)						

2 次の文章を読んで、あとの問いに答えなさい。 （各8点 計40点）

国連総会は、全加盟国により構成される国連の最高議決機関である。主権平等の原則から、1国1票で重要事項は3分の2以上、それ以外は過半数の多数決で決議される。あらゆる問題を討議できるが、法的拘束力がない　ア　しかできない。総会の補助機関には、地球環境問題を扱う国連環境計画(UNEP)、難民問題を扱う　イ　、児童支援を扱う　ウ　などがある。

安全保障理事会は、平和と安全に責任を負う機関である。非軍事的措置だけでなく、軍事的措置もとることができる。安保理の決定は、総会とは違って国連加盟国を法的に拘束する。安保理はアメリカ・イギリス・フランス・ロシア・中国の常任理事国5カ国と、任期　A　年で地域ごとに選出される非常任理事国　B　カ国で構成される。また議決は、　C　理事国以上の賛成で決まるが、手続き事項ではなく重要な実質事項では①常任理事国すべての賛成が必要である。

(1) 空欄**ア～ウ**に当てはまる語を答えなさい。

(2) 空欄**A・B・C**に入る数字の組み合わせとして正しいものを1つ選びなさい。

ア **A**：4　**B**：10　**C**：8

イ **A**：2　**B**：10　**C**：9

ウ **A**：4　**B**：15　**C**：8

エ **A**：2　**B**：15　**C**：9

(3) 下線①の原則を何というか。

(1)	ア		イ		ウ	
(2)		(3)				

---

3 次の文章を読んで，あとの問いに答えなさい。 　　　　　　　（各8点　計24点）

　①本来の国連軍（憲章に定める国連軍）に代わるものとして行われてきたのが，②PKO（国連平和維持活動）である。安保理または総会の決議にもとづいて，軍人が非武装・軽武装で行う停戦監視や兵力引き離しなどの活動である。なお各地で活動するNGOは，あらゆる場面で大きな役割を果たしている。世界の紛争地で医療ボランティア活動をする　　ア　　などが有名である。

(1) 空欄**ア**に当てはまる語を答えなさい。

(2) 下線①に関連する以下の文の中で誤っているものを1つ選び，記号で答えなさい。

ア　本来の国連軍は，安全保障理事会が決定した軍事的措置を実施するため組織されるが，大国の思惑もあって組織されたことはない。

イ　PKO実施のために派遣される軽武装の部隊は，平和維持軍（PKF）と呼ばれるが，自衛のために軽武装しているだけであって本来の国連軍ではない。

ウ　本来の国連軍は，国連憲章第7章に規定されていて，安保理と各国が兵力提供などの特別協定を結んでつくられる。

エ　朝鮮戦争（1950〜53年）の際に本来の国連軍が組織されたが，これが唯一の事例であり，以後組織されたことはない。

(3) 下線②に関連する以下の文の中で誤っているものを1つ選び，記号で答えなさい。

ア　PKOは，国連憲章第8章にもとづき安保理または総会の決議によって実施される。

イ　伝統的なPKOは，軍人が非武装・軽武装で行う停戦監視や兵力引き離しなどの活動である。

ウ　慣行を通じて確立されてきたので，PKOについて国連憲章に明文の定めはない。

エ　冷戦終結後，PKOの任務も多様化し，文民による選挙監視，復興支援活動，平和構築活動も加わってきている。

(1)		(2)		(3)	

1 次の文章は，「囚人のジレンマ」という有名なゲーム理論を使って核軍縮問題を考えたものである。この文章を読んで，あとの問いに答えなさい。

　今，核大国AとBが核の軍拡を繰り返しているとする。AとBには「核軍縮に協力する」と「裏切る（協力しない）」の2つの選択肢がある。自国だけ有利になる「自国は削減しないが相手国には削減させる」という組み合わせに持ち込めば，軍事的覇権を強化できるので5点満点で5点がつく。逆に「相手が削減していないのに自国だけが削減してしまう」は，核抑止に大きな危機が生じるので最低の1点である。「ともに削減せず軍拡競争を続ける」は今後も経済的負担が大きいことを考慮して2点，「両方ともに削減する」は核抑止に問題は生じず，経済的負担を軽減できるので4点とする。こうすると4つの組み合わせができる。

①ABとも「協力」，②Aは「裏切る」，Bは「協力」，③Aは「協力」，Bは「裏切る」，④ABとも「裏切る」。これを表にしてみる。

表1

		B国	
		協力	裏切る
A国	協力	① B国4点 A国4点	③ B国5点 A国1点
	裏切る	② B国1点 A国5点	④ B国2点 A国2点

問題

(1) 上の表1から読み取れる記述として誤っているものを，ア～カから1つ選びなさい。

ア　Aが裏切った場合，Bは，裏切った方が協力する場合よりも獲得できる点数（ポイント）が高い。

イ　AもBもそれぞれが自国のことだけを考えれば，裏切る方がポイントが高い。

ウ　Aが協力した場合，Bは，協力する方が裏切る場合よりもがポイントが高い。

エ　Bが裏切った場合，Aは，協力する方が裏切った場合よりもポイントが低い。

オ　ABの合計ポイントはABが協力して核軍縮した場合が一番大きい。

カ　Aは，Bが協力した場合でも裏切った方がポイントが高い。　　　　〔　　　　〕

(2) 下の表2は，国連の仲介でA国・B国が協力関係に入った後，3回目の交渉でA国が裏切った場合と，A国・B国ともずっと協力を続けた場合のA国のポイントをまとめたものである。A国が裏切った場合，当然以後B国は協力を続けなくなる。

　表1と表2から読み取れる記述として誤っているものを，ア～エから1つ選びなさい。

表2

交渉の回数	1	2	3	4	5	6	7	8	9	10	合計ポイント
A国 3回目の交渉で裏切る	4	4	5	2	2	2	2	2	2	2	27
ずっと協力を続ける	4	4	4	4	4	4	4	4	4	4	40

ア A国が3回目で裏切ると，4回目以降，裏切られたB国は協力しなくなるのでA国のポイントは以後2点に下がっている。

イ A国もB国も裏切った方が，互いに協力した場合よりも長期的には得である。

ウ 3回目でA国が裏切った場合，裏切ったA国の3回目のポイントは5点，B国のポイントは1点で，その回，A国は得をする。

エ 互いに裏切らずに協力し合った方が，長期的には両国とも得である。　　　〔　　　　〕

 2 次の文章は，日本政府が自国の見解を述べたものである（一部省略）。この文章を読んで，あとの問いに答えなさい。

日本は唯一の戦争被爆国であり，政府は，核兵器禁止条約が目指す核兵器廃絶という目標を共有しています。一方，北朝鮮の核・ミサイル開発は，日本及び国際社会の平和と安定に対するこれまでにない，重大かつ差し迫った脅威です。北朝鮮のように核兵器の使用をほのめかす相手に対しては通常兵器だけでは抑止を効かせることは困難であるため，日米同盟の下で核兵器を有する米国の抑止力を維持することが必要です。

核軍縮に取り組む上では，この人道と安全保障の二つの観点を考慮することが重要ですが，核兵器禁止条約では，安全保障の観点が踏まえられていません。核兵器を直ちに違法化する条約に参加すれば，米国による核抑止力の正当性を損ない，国民の生命・財産を危険に晒（さら）すことを容認することになりかねず，日本の安全保障にとっての問題を惹起（じゃっき）します。また，核兵器禁止条約は，現実に核兵器を保有する核兵器国のみならず，日本と同様に核の脅威に晒（さら）されている非核兵器国からも支持を得られておらず，核軍縮に取り組む国際社会に分断をもたらしている点も懸念されます。

日本政府としては，国民の生命と財産を守る責任を有する立場から，現実の安全保障上の脅威に適切に対処しながら，地道に，現実的な核軍縮を前進させる道筋を追求することが必要であり，核兵器保有国や核兵器禁止条約支持国を含む国際社会における橋渡し役を果たし，現実的かつ実践的な取組を粘り強く進めていく考えです。

問題

資料から読み取れる内容として正しいものを，**ア～オ**から2つ選びなさい。

ア アメリカには核の保有を認めながら，非保有国にのみ核査察を義務づける核拡散防止条約の不平等性を指摘している。

イ 核兵器の使用をほのめかす国として北朝鮮をあげ，北朝鮮が核を保有する以上，国民の生命と財産を守るために日本も核の保有をめざすとしている。

ウ 核兵器で反撃する能力を持つことにより，相手国の核攻撃を思いとどまらせることができるという核抑止論の立場にたっている。

エ 「核兵器の使用は国際法違反」という国際司法裁判所の勧告的意見を，非核兵器国からも支持を得られておらず，核軍縮に取り組む国際社会に分断をもたらしていると批判している。

オ 核兵器禁止条約は，安全保障の観点が踏まえられていないと批判し，唯一の戦争被爆国である日本が条約に参加しない理由を述べている。　　　〔　　　〕〔　　　〕

1 ｜ 貿易と国際収支・外国為替相場

｜ STEP 1 ｜　重要ポイント

1 **自由貿易と保護貿易**

1 ❶国際分業

①**水平的分業**

　同じ経済レベルの先進国どうしが互いに工業製品を輸出

②**垂直的分業**

　先進国が工業製品を輸出。発展途上国が一次産品を輸出

2 自由貿易

● **比較生産費説**（**リカード**）

　両国が比較優位なものに生産を特化する

　　　　　⇓

　両国とも利益を得る（国際分業の利益）

3 保護貿易

● 後発国は幼稚産業育成のため，貿易を制限し輸入品の流入を抑えるべき（**リスト**）

● ❷保護貿易（貿易制限）の方法

2 **国際収支**

1 ❸国際収支の項目

①**経常収支**

②**資本移転等収支**

③**金融収支**

　（金融収支の符号は他の項目と逆）

④**誤差脱漏**

　　　　　⇓

このため以下の式が成り立つ

> 経常収支＋資本移転等収支－金融収支
> ＋誤差脱漏＝0

3 **外国為替相場**

● **為替制度**

①**固定相場制**

②**変動相場制**

● ❹円高・円安の要因

● 円高・円安の及ぼす影響（結果）

❶
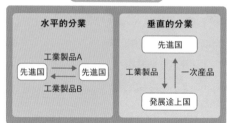
国際分業の2形態

❷　保護貿易（貿易制限）の方法

関税障壁　輸入品に税（関税）をかける

非関税障壁　関税以外の方法をとる

- 輸入数量制限
　（輸入してもよい分量を国家が決めてしまう）
- 為替制限
　（貿易に使う通貨の交換を制限して輸入を抑える）
- 輸入課徴金
　（通常の関税以外にさらに特別な税を課す）

❸
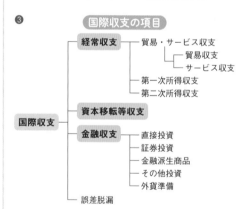
国際収支の項目

❹　円高・円安の要因
　円の需要増 ⇒ 円高（円の価値上昇）
　円の供給増 ⇒ 円安（円の価値下落）
　　　　　↓
　円高の要因となる代表的事例（対米ドル）
①日本からアメリカへの輸出増加
②アメリカ企業による日本への投資増加
③日本の方がアメリカより高金利
④日本に来るアメリカ人観光客の増加

自由貿易と保護貿易

❶ 貿易を通じて各国が生産を分担していることを何と呼ぶか。　〔　　　　　　〕

❷ 先進国が工業製品を輸出し，発展途上国が一次産品（農産物・鉱物資源など）を輸出する国際分業を何というか。　〔　　　　　　〕

❸ 比較生産費説で，両国が得意なものに生産を集中することを何というか。〔　　　　　　〕

❹ 自由貿易の結果，両国とも利益を得ることを何というか。　〔　　　　　　〕

❺ 保護貿易（貿易制限）の方法を大きく２つに分けると，関税障壁と何か。〔　　　　　　〕

❻ 非関税障壁の中で，輸入してもよい分量を国家があらかじめ決めてしまう方法を何というか。　〔　　　　　　〕

国際収支

❼ 国際収支は大きく４項目からなる。経常収支，金融収支，誤差脱漏と何か。〔　　　　　　〕

❽ 経常収支の３つの項目は，貿易・サービス収支，第一次所得収支と何か。〔　　　　　　〕

❾ 日本が外国に保有する資産（対外資産）と，外国が日本に保有する資産（対外負債）の収支は何と呼ばれるか。　〔　　　　　　〕

❿ 金融収支の中で，海外工場建設などによる資産の増減は何という項目か。〔　　　　　　〕

⓫ 金融収支の中で，外貨や金などの資産の増減は何という項目か。　〔　　　　　　〕

外国為替相場

⓬ 異なる通貨間の交換比率を何というか。　〔　　　　　　〕

⓭ 通貨の交換比率をあらかじめ決めておく為替制度を何というか。　〔　　　　　　〕

⓮ １ドル＝100円と１ドル＝200円を比較した場合，円安はどちらか。〔　　　　　　〕

⓯ 日本からアメリカへの旅行客増加は，円高，円安のどちらに作用するか。〔　　　　　　〕

⓰ 為替相場を一定方向に誘導するために，中央銀行が意図的に外国為替市場で通貨の売買を行うことを何というか。　〔　　　　　　〕

⓱ 各国が協力して為替介入を行うことを何と呼ぶか。　〔　　　　　　〕

⓲ 日本からの輸出は，円高，円安のどちらが有利か。　〔　　　　　　〕

⓳ 日本からのアメリカ旅行は，円高，円安のどちらが有利か。　〔　　　　　　〕

解答・解説は別冊 p.21

1 自由貿易と保護貿易

次の文章を読んで，あとの問いに答えなさい。

貿易の形態には，自由な取引に任せる自由貿易と，国家が貿易を統制する保護貿易とがある。イギリスの ア は比較生産費説をもとに イ 貿易を主張し，ドイツの ウ は①保護貿易を主張した。

比較生産費説とは「各国が得意なものを生産・輸出し，不得意なものは輸入によって手に入れる。それがすべての国にとって利益になる」という考え方である。例えば，イギリスでは毛織物を1反作るのに労働者100人，ワインを1樽作るのに120人必要であるとする。同様にポルトガルでは毛織物1反に90人，ワイン1樽に80人必要であるとする。両国がこの人数を集めて生産すると毛織物2反，ワイン2樽が生み出される。

この状態を表にしたのが，以下である。

	イギリス	ポルトガル	合計
毛織物1反	100人	90人	2反
ワイン1樽	120人	80人	2樽

ここで，両国が得意なものに生産に特化したとする。この場合，ポルトガルは2財ともイギリスよりも生産性が高く，イギリスに勝っているが，2財を比較し エ 優位なワインに特化する。イギリスは両方ともポルトガルに劣っているが，2財の比較の中で エ 優位な毛織物に特化する。

すると以下の表のような数字になる。

	イギリス	ポルトガル	合計
毛織物	220人	0人	A 反
ワイン	0人	170人	B 樽

よく出る (1) 空欄ア〜エに当てはまる語を答えなさい。

ア〔　　　　　〕　イ〔　　　　　　　　〕　ウ〔　　　　　　　　〕

エ〔　　　　　〕

(2) 表中の空欄A・Bに当てはまる数字を答えなさい。　　　A〔　　　〕　B〔　　　〕

(3) 下線①に関して述べた次の文中の空欄ア・イに当てはまる語を答えなさい。

非関税障壁には，輸入してもよい分量を国家があらかじめ決めてしまう輸入数量制限，貿易に使う通貨の交換を制限して輸入を抑える ア 制限，通常の関税以外にさらに特別な税を課す イ などがある。　　　ア〔　　　　　　　〕　イ〔　　　　　　　〕

2　国際収支

次の文章を読んで，あとの問いに答えなさい。

　一国が1年間に外国との間で行った経済取引の資金の受け取りと支払いの集計を国際収支といい，それを表にしたものが国際収支表（IMFのマニュアルに従って作成）である。国際収支は大きく，①経常収支，資本移転等収支，金融収支，　ア　　の4項目からなる。

(1)　空欄**ア**に当てはまる語を答えなさい。　　　　　　　　　　　　〔　　　　　　　〕

よく出る (2)　下線①に関して，次の**ア〜エ**のやり取りは，以下のどの収支に当てはまるか。**A〜C**で答えなさい。

　　ア　道路やダムなど社会資本形成にかかわる無償資金援助による資金の出入り　　〔　　　　　〕

　　イ　自動車など財の輸出入による資金の出入り　　　　　　　　　　〔　　　　　〕

　　ウ　外国の国債・株式購入などによる資産の増減　　　　　　　　　〔　　　　　〕

　　エ　旅行，輸送，通信，保険などサービスの輸出入による資金の出入り　　〔　　　　　〕

　　　　　　A　経常収支　　　　　　**B**　資本移転等収支　　　　　**C**　金融収支

3　外国為替

次の文章を読んで，あとの問いに答えなさい。

　変動相場制は，①通貨間の需要と供給との関係で為替レートが決まるしくみのことである。野菜市場のキュウリやナス同様，「需要＞供給」なら値上がり，「供給＞需要」なら値下がりする。円を必要とする人が増えれば，円のレートは上がり，円を手放す人が増えれば，円のレートは下がる。

　なお交換＝売買なので，円をドルに交換することを　ア　　とも表現する。

(1)　空欄**ア**に当てはまる語を答えなさい。　　　　　　　　　　　　〔　　　　　　　〕

よく出る (2)　下線①に関して，以下の中で円安の方向に作用するもの（円安になる要因）を1つ選び，記号で答えなさい。

　　ア　日本からアメリカへの輸出増加

　　イ　アメリカ企業による日本への投資増加

　　ウ　アメリカの方が日本より高金利

　　エ　日本に来るアメリカ人観光客の増加　　　　　　　　　　　　〔　　　　　〕

2 | 国際経済体制

| STEP 1 | 重要ポイント

1 国際通貨体制

1 ブレトンウッズ体制

● **IMF（国際通貨基金）**
- ・金・ドル本位制
- ・固定相場制（平価維持義務）
- ・赤字国に短期融資（為替制限を禁止）

● **IBRD（国際復興開発銀行）**
- ・戦後復興や途上国の開発への長期融資

2 ブレトンウッズ体制の崩壊

● **ドル危機**
- ・アメリカの国際収支の赤字 ⇒ 金流出
- ・SDR（特別引出権）創設も危機止まらず

● **ニクソン・ショック（ドル・ショック）**
- ・金とドルとの交換停止（変動相場制へ）

2 国際貿易体制

1 GATT（関税と貿易に関する一般協定）

● **GATT の原則と例外**（ガット）
- ①原則…自由・無差別・多角
- 例外…セーフガード（緊急輸入制限）

● **今までのラウンド**
- ①ケネディ　②東京　③ウルグアイ

2 WTO（世界貿易機関）

● **サービス貿易・知的財産権の保護**

● **紛争処理機能強化**（小委員会・上級委員会）

● **ドーハ・ラウンド**（ドーハ開発アジェンダ）
- まとまらず WTO 危機

3 地域的経済統合

1 EU

● ②**EU のあゆみ**

● **EU の危機**
- ユーロ危機（欧州債務危機）
- イギリスの EU 離脱（ブレグジット）

2 EU 以外の地域的経済統合

● ③**自由貿易協定（FTA）型**

● **関税同盟型**

● **経済連携協定（EPA）**

● **太平洋を取り巻く経済協力**…TPP11 協定など

---

❶　GATT の基本原則
① **自由**…貿易を制限する関税を引き下げ，輸入数量制限などの非関税障壁を撤廃する。
② **無差別**…どの国・どの製品にも同じ待遇を与える最恵国待遇の原則・内国民待遇の原則。
③ **多角**…貿易上のルールは多角的貿易交渉（ラウンド）でオープンに決める。

❷　　**EU のあゆみ**

1952 （年）	ヨーロッパ石炭鉄鋼共同体(ECSC)設立	フランス・西ドイツなど6カ国で石炭と鉄鋼の共同管理を開始
1958	ヨーロッパ経済共同体(EEC)・ヨーロッパ原子力共同体(EURATOM)設立	1957年のローマ条約にもとづき，共同の範囲を他の経済分野や原子力に拡大
1967	ヨーロッパ共同体(EC)発足	ECSC・EEC・EURATOMが統合され発足
1968	関税同盟完成	域内では関税を撤廃し，域外の国々には共通の関税を設ける関税同盟ができる
1973	イギリスなどが加盟	加盟国が9カ国に（拡大EC）
1979	ヨーロッパ通貨制度(EMS)導入	通貨統合の始まり
1992	市場統合完成	1986年の**単一ヨーロッパ議定書**が目標に掲げた，労働力(ヒト)・商品(モノ・サービス)・資本(カネ)の移動が自由になる市場統合が実現
1993	ヨーロッパ連合(EU)発足	市場統合後の次の段階である通貨統合や政治統合をめざすマーストリヒト条約（欧州連合条約）が発効。ECはヨーロッパ連合(EU)となる
1998	ヨーロッパ中央銀行(ECB)設立	ユーロの発行と，EUの金融政策を一元的に決定・実施するEUの中央銀行としてECBを設立
1999	共通通貨ユーロ導入	通貨統合の段階に入る
2009	リスボン条約発効	EU大統領(欧州理事会常任議長)，EU外相(外務・安全保障政策上級代表)を新設。政治統合が進む

❸　自由貿易協定（FTA）型の例

アメリカ・メキシコ・カナダ協定(USMCA)	北米自由貿易協定(NAFTA)に代わって2020年発効
ASEAN自由貿易地域(AFTA)（アセアン）	東南アジア諸国連合(ASEAN)加盟国により1993年発足。2015年にはASEAN経済共同体(AEC)が発足し，さらに自由化を進めている

国際通貨体制

❶ IMF 設立時に採用された通貨制度は何と呼ばれたか。 〔　　　　　　〕

❷ IMF とともにブレトンウッズ協定で設立が決まった，戦後復興や途上国への長期融資を主な仕事とする機関は何か。 〔　　　　　　〕

❸ 1960 年代，アメリカから金がなくなると思われ始め，ドルを金に換える動きが加速した。これを何というか。 〔　　　　　　〕

❹ 1969 年に新設された，金・ドルとは別の「第三の通貨」は何か。 〔　　　　　　〕

❺ アメリカは 1971 年，金とドルとの交換停止を宣言し，あわせて 10% の輸入課徴金の導入も発表した。これを何というか。 〔　　　　　　〕

国際貿易体制

❻ GATT の 3 つの基本原則を答えなさい。 〔　　・　　・　　〕

❼ GATT の基本原則の例外で，特定産品の輸入急増で，自国産業に重大な損害が生じるなど緊急の場合に，一時的に輸入を制限することを何というか。 〔　　　　　　〕

❽ GATT を発展的に改組し，1995 年に設立された機関は何か。 〔　　　　　　〕

❾ WTO では紛争処理機能も強化され，当事国は WTO の紛争処理の小委員会（パネル）に提訴できるが，さらに上訴はどこにできるか。 〔　　　　　　〕

❿ WTO における初の多角的貿易交渉を何というか。 〔　　　　　　〕

地域的経済統合

⓫ GATT や WTO のように世界規模で自由貿易を推進するグローバリズムに対し，小さなまとまりで自由貿易を推進しようという動きを何というか。 〔　　　　　　〕

⓬ EU へのあゆみの第一歩となった，フランス・西ドイツなど 6 カ国で 1952 年に設立した，石炭と鉄鋼の共同管理のための組織は何か。 〔　　　　　　〕

⓭ 1967 年に ECSC・EEC・EURATOM が統合され発足したのは何か。 〔　　　　　　〕

⓮ 域内では関税を撤廃し，域外には共通の関税を設けることを何というか。 〔　　　　　　〕

⓯ 1993 年に通貨統合や政治統合をめざすマーストリヒト条約が発効（1992 年調印）したことにより，EC は何になったか。 〔　　　　　　〕

⓰ リスボン条約で新設された，欧州理事会常任議長は何と呼ばれるか。 〔　　　　　　〕

1   IMF・GATT 体制

次の文章を読んで，あとの問いに答えなさい。

1929 年に起きた世界恐慌の苦境から脱出するため，各国は，自国通貨を作為的に安くし不公正に輸出を伸ばす一方的な **A** や，本国と植民地との間で排他的な経済圏をつくる保護貿易的な **B** を行った。それが第二次世界大戦の一因となった。

大戦後世界で二度と対立が起こらないよう，アメリカの主導の下に，①IMF・GATT 体制が築かれた。IMF・GATT 体制とは，安定した通貨体制をめざし IMF などを設立した **C** 協定と，自由貿易の拡大をめざす **D** 協定からなる国際協力体制である。

(1) 空欄 **A・B** に入る語句の組み合わせとして正しいものを選びなさい。

　ア   **A**：関税同盟の形成   **B**：自由貿易圏の形成

　イ   **A**：為替レートの切り下げ   **B**：ブロック経済圏の形成

　ウ   **A**：関税同盟の形成   **B**：ブロック経済圏の形成

　エ   **A**：為替レートの切り下げ   **B**：自由貿易圏の形成   〔   〕

よく出る (2) 空欄 **C・D** にあてはまる語句を答えなさい。

                 C 〔   〕   **D** 〔   〕

(3) 下線①に関連して，以下の文の中で誤っているものを 1 つ選び，記号で答えなさい。

　ア   GATT を引き継ぐ WTO のもとで，ドーハ・ラウンド（ドーハ開発アジェンダ）が 2001 年に始まったが，先進国と途上国の対立で進展がない。

　イ   各国は 1973 年に変動相場制に移行したが，IMF が変動相場制を正式に承認したのは，1976 年のスミソニアン合意でのことである。

　ウ   GATT の基本原則の 1 つである無差別とは，どの国にも同じ待遇を与えることで，具体的な内容は，最恵国待遇の原則と内国民待遇の原則からなる。

　エ   為替制限によって世界貿易の流れが滞るのを防ぐため，IMF は為替制限を禁止し，代わりに国際収支赤字国に短期融資を行うしくみを創設した。   〔   〕

2   地域的経済統合

次の文章を読んで，あとの問いに答えなさい。

ヨーロッパ連合（EU）の歩みを見ると，まずフランス・西ドイツ・イタリアなど 6 カ国が石炭と鉄鋼の共同管理のため，1952 年ヨーロッパ石炭鉄鋼共同体（ECSC）を結成した。次にこの 6 カ国は，共同の範囲を他の経済分野や原子力にも広げ，1958 年にヨーロッパ経済共同体（EEC）， **ア** を結成する。1967 年にはこれらが 1 つにまとまり，ヨーロッパ共同体（EC）となる。EC は順調に発展し，1968 年には関税同盟を実現した。

1986 年には単一ヨーロッパ議定書が結ばれ，1992 年末から 93 年にかけて①市場統合が実現した。さらに 1993 年 11 月には **イ** 条約が発効（1992 年調印）し，EC は通貨統合や政治統合をめざすヨー

ロッパ連合（EU）になった。1999年には，共通通貨 ウ も導入され，②通貨統合の段階に入った。

EU以外の地域的結びつきを見ると，③USMCA，④ASEAN自由貿易地域，南米南部共同市場などがある。

よく出る (1) 空欄ア〜ウに当てはまる語を答えなさい。

ア〔　　　　　　　　　〕 イ〔　　　　　　　　　〕 ウ〔　　　　　　　　　〕

(2) 下線①の市場統合について述べた以下の文の中で誤っているものを1つ選び，記号で答えなさい。

　　ア　労働者の移動が自由になり，就業の機会が増大する。

　　イ　域内での非関税障壁の撤廃により，域外からの輸入が増大する。

　　ウ　資本の移動が自由になるため，投資の機会が増大する。

　　エ　統合による市場の拡大を通じて，規模の利益が享受される。　　　　　〔　　　　　〕

(3) 下線②の通貨統合について述べた以下の文の中で誤っているものを1つ選び，記号で答えなさい。

　　ア　域内貿易における為替リスクがなくなる。

　　イ　EU内を旅行する際に，両替の必要がなくなる。

　　ウ　EUでは中央銀行や金融政策の必要がなくなる。

　　エ　EU各国間の商品価格を比較する際に，換算が不要になる。　　　　　〔　　　　　〕

(4) 下線③のUSMCAは，3カ国の協定である。この3カ国とは，アメリカ，カナダとどこか。

　　　　　　　　　　　　　　　　　　　　　　　　　　　　　　〔　　　　　　　　　〕

(5) 下線④のASEAN自由貿易地域，南米南部共同市場をアルファベットの表記で答えなさい。

　　　　　ASEAN自由貿易地域〔　　　　　　　　　〕 南米南部共同市場〔　　　　　　　〕

(6) 次のイギリスに関する文のうち誤っているものを1つ選び，記号で答えなさい。

　　ア　EUの全加盟国がユーロに参加しているわけではなく，イギリスは独自の政策がとれなくなることを懸念してポンドを自国通貨としていた。

　　イ　2016年，イギリスで国民投票が実施され，EUからの離脱が支持され，2017年，イギリスはEUに離脱を通告し，2020年に離脱した。

　　ウ　イギリスは，6か国で石炭と鉄鋼の共同管理を始めた，1952年のヨーロッパ石炭鉄鋼共同体（ECSC）の設立からのメンバーであった。

　　エ　イギリスのEUからの離脱は，Britain（イギリス）とexit（離脱）を掛け合わせて「Brexit」（ブレグジット）と呼ばれた。　　　　　　　　　　　　　　　　　　〔　　　　　〕

発展 (7) 自由貿易協定（FTA）や経済連携協定（EPA）がどんどん拡大しているのはなぜか。簡単に説明しなさい。

〔

　

〕

3 | 南北問題と地球的課題

1 南北問題と新興国の台頭

1 南北問題

- 先進国と発展途上国間の経済格差
- ❶解決へ向けてのアプローチ
  - ①先進国…経済協力開発機構（OECD）に開発援助委員会（DAC）を設置
  - ②途上国…国連に国連貿易開発会議（UNCTAD）を設立
- 資源ナショナリズム
  - ①石油輸出国機構（OPEC）の結成など
  - ②新国際経済秩序（NIEO）樹立に関する宣言採択
- ❷南南問題…途上国間の経済格差

2 新興国の台頭

- 新興工業経済地域（NIES）
- ❸BRICS
- ❹中国の躍進
- ❺G20

2 ❻日本の ODA と貿易摩擦

1 貿易摩擦

- ❼日米貿易摩擦…「失業の輸出」
- ❽米中貿易摩擦…米中対立の大きな要因

3 地球的課題と SDGs

1 地球的課題

- 資源・エネルギー問題
- 人口問題
- 食料問題

2 SDGs

- MDGs（ミレニアム開発目標）

  ⇓ やり残しを引き継ぐ

- SDGs（持続可能な開発目標）
  - ①17 のゴール（目標）

    169 のターゲット（具体的な下位目標）
  - ②「誰一人取り残さない」
  - ③グローバル・パートナーシップ

    （地球規模の協力関係）

---

❶ 南北問題解決に向けてのアプローチ

❷ 南南問題

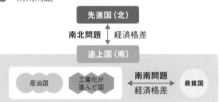

❸ BRICS…急速に経済成長するブラジル・ロシア・インド・中国・南アフリカ共和国の英語表記の頭文字からとった略称

❹ 【中国の躍進】
①改革・開放政策で外国資本を導入
②一国二制度を実行し，香港，マカオを資本主義体制のままとし，社会主義と共存させる
③アメリカに次ぐ世界第 2 位の GDP
④巨大経済圏構想である一帯一路構想を打ち出し，これを金融面から支えるアジアインフラ投資銀行（AIIB）も設立

❺ 【G5・G7・G8・G20】
G5…日本・アメリカ・イギリス・フランス・ドイツ
G7…G5＋イタリア・カナダ
G8…G7＋ロシア
G20…G8＋中国などの国々・地域
　　　　（国際経済問題などで G20 の影響力が拡大）

❻ 【日本の ODA の特徴】
①かつて総額で世界一（現在は順位後退）
②総額は大きいが，ODA の対 GNI 比率は低い
　　　　（国連の目標である 0.7％には遠く及ばない）
③贈与（無償援助）の比率が低い

❼ 【日米貿易摩擦への対応と米中貿易摩擦の影響】
輸出自主規制 ⇒ 為替レート調整（プラザ合意）⇒ 市場開放（日米構造協議）⇒ 数値目標（日米包括経済協議）

　　　　　　　　　　⇓

米中貿易摩擦の激化で日米貿易摩擦は鎮静化

南北問題と新興国の台頭

❶ 豊かな先進国（北）と貧しい発展途上国（南）との経済格差の問題を何というか。 [   ]

❷ 単一の一次産品（農作物・鉱物資源など加工されていない産出物）の輸出に依存する経済構造を何というか。 [   ]

❸ 経済協力開発機構（OECD）の下部機関として設置された，援助を推進する機関は何か。 [   ]

❹ 途上国の中で，資源を持つ国（特に産油国）や工業化が進んだ国と，最貧国（後発発展途上国，LDC）との間の経済格差の問題を何というか。 [   ]

❺ 石油危機以降の1970年代，工業化が進んだ国や地域は何と呼ばれたか。 [   ]

❻ BRICSと呼ばれる5カ国は，ブラジル・ロシア・インド・中国とどこか。 [   ]

日本のODAと貿易摩擦

❼ 日本のODAのあり方はかつて批判された。それに応える形で政府が1992年に定めたものは何か。 [   ]

❽ ODA大綱（援助のガイドライン）は，2015年の改定で名称が変わった。何という名称に変わったか。 [   ]

❾ 日本の輸出は，アメリカ産業の不振，工場閉鎖，アメリカ人労働者の失業を招いた。このため日本の輸出は何と表現されたか。 [   ]

❿ 貿易摩擦への対応で，初期に行われた解決方法は何か。 [   ]

地球的課題とSDGs

⓫ 世界のエネルギー資源の中心はかつては石炭であったが，その後石油・天然ガスに代わった。この変化は何と呼ばれるか。 [   ]

⓬ 国連ミレニアム宣言を受けて，国連は，開発や貧困に関して世界が2015年までに達成すべき目標を策定した。この目標は何と呼ばれたか。 [   ]

⓭ 2015年，国連はMDGsで達成できなかった課題と新たな問題に取り組むため，MDGsを引き継ぐ目標を策定した。この目標の名称は何か。 [   ]

⓮ 国家だけでなく，市民，NGO，自治体，企業などとも連携する，地球規模の協力関係を何と呼ぶか。 [   ]

1 　南北問題

次の文章を読んで，あとの問いに答えなさい。

豊かな先進国（北）と貧しい発展途上国（南）との経済格差の問題を南北問題という。途上国はかつて植民地として，本国の必要とする特定の産物（ガーナのカカオ，ザンビアの銅など）の生産を押しつけられた。独立後も経済構造を変えられず，農作物・鉱物資源など加工されていない産出物である　ア　の輸出に依存するモノカルチャー経済が続いている。　ア　は，天候や景気の影響で価格が不安定であり，輸入する工業製品に比べて，安価で貿易が不利である。つまり，　イ　が悪い。

よく出る (1) 空欄ア・イに当てはまる語を答えなさい。

　　　　　　　　　　　　　　　ア〔　　　　　　　　　　〕 イ〔　　　　　　　　　〕

(2) 1964 年に，途上国が主導して国連に設立された，経済開発や貿易促進に取り組む機関は何か。

　　　　　　　　　　　　　　　　　　　　　　　　　　　　　　〔　　　　　　　　　　〕

(3) 国際石油資本（メジャー）など先進国の多国籍企業に支配されてきた天然資源を，自国の主権下に置こうとする途上国の動きは何と呼ばれるか。　　　　　　　　　〔　　　　　　　　　　〕

(4) 1974 年に国連資源特別総会で採択された，新しい国際経済のルール確立を求めた宣言は何か。

　　　　　　　　　　　　　〔　　　　　　　　　　　　　　　　　　　　　　　　　　　〕

2 　新興国の台頭

次の文章を読んで，あとの問いに答えなさい。

2000 年代に入ると BRICS と呼ばれる 5 カ国が急速な経済成長をとげ，国際社会で発言力を強めた。BRICS とは，ブラジル，ロシア，　ア　，①中国，南アフリカ共和国である。

また，長年，国際金融問題，地球環境問題，地域紛争など世界的な課題は，G8 に EU を加えた G8 サミット（主要国首脳会議）で議論されてきた（ただし現在は G7 サミット［ロシアがウクライナ紛争でアメリカ・EU と対立し不参加のため］）。しかし　イ　化（地球規模化）の進展により G8・G7 だけでは世界的な金融危機などに対応できなくなり，2008 年からは国際経済問題については　ウ　が中心的役割を果たしている。

よく出る (1) 空欄ア～ウに当てはまる語を答えなさい。

　　　　　　　　　　ア〔　　　　　　　　〕 イ〔　　　　　　　　　〕 ウ〔　　　　　　　〕

(2) 下線①に関して述べた以下の文の中で誤っているものを 1 つ選び，記号で答えなさい。

ア 資本主義的な市場原理を導入し，政治体制は社会主義を維持したまま発展を続け，自らを社会主義市場経済と呼んでいる。

イ 1970 年代後半から改革・開放政策を掲げ，経済特区をつくって外国資本を積極的に導入した。

ウ 返還された香港，上海を引き続き資本主義体制とし，一国内に社会主義と資本主義が共存する一国二制度を実行している。

エ 2013 年に一帯一路構想を打ち出し，それを金融面から支えるアジアインフラ投資銀行（AIIB）

を自らの主導のもとに 2015 年に設立した。　　　　　　　　　　　　　〔　　　　　〕

3　貿易摩擦

次の文章を読んで，あとの問いに答えなさい。

日本と他国との貿易のアンバランスから起きる貿易摩擦（日本の貿易黒字）は，特にアメリカとの間で深刻化した。摩擦の火種となる品目も，1960 年代の ア，1970 年代の イ・カラーテレビ，1980 年代の自動車・半導体・ ウ と，軽工業から重工業製品，そしてハイテク（先端技術）製品へと変化し，それは日本の産業構造変遷の歴史でもあった。

貿易摩擦への対応として，初めは，繊維・鉄鋼・カラーテレビ・自動車など個別品目での エ により解決が図られた。しかし，不均衡の拡大は続き，次にとられた解決策は， オ である。1985 年のプラザ合意がこれにあたる。しかしそれでも解決しないと，アメリカは一方的な経済制裁を定めたスーパー301 条を新設し，日本を「不公正な貿易慣行国」と認定し，制裁を振りかざして譲歩を迫るようになり，日米構造協議（1989〜1990 年）では閉鎖的な カ を強く求め，日米包括経済協議（1993〜2001 年）では キ を求め，日本と対立した。

[よく出る] (1)　空欄**ア〜ウ**に当てはまる語を下の語群から選びなさい。

【語群】　コンピューター　　繊維　　鉄鋼

ア〔　　　　　　　〕**イ**〔　　　　　　　〕**ウ**〔　　　　　　　〕

[よく出る] (2)　空欄**エ〜キ**に当てはまる語を下の語群から選びなさい。

【語群】　数値目標の設定　　日本市場の開放　　輸出自主規制　　為替レートの調整

エ〔　　　　　　　〕**オ**〔　　　　　　　〕

カ〔　　　　　　　〕**キ**〔　　　　　　　〕

[よく出る] 4　地球的課題と SDGs

次の文章を読んで，あとの問いに答えなさい。

世界の食料生産量は，世界中のすべての人が十分に食べられる量をはるかに上回っている。にもかかわらず，世界ではアジア・アフリカを中心に 8 億人が飢餓に苦しんでいる。飢餓の原因は，食料生産を上回る人口増加，食料生産を妨げる自然災害，紛争，貧困。加えて，穀物が，先進国用の食肉用家畜の餌やバイオマスエネルギーの原料，値上がりを見込んだ投機の対象となることなども原因として上げられる。

国連はこの問題の解決のために国連食糧農業機関（FAO）， ア を設置し取り組んでいるが，解決には程遠い状況である。

(1)　空欄**ア**に当てはまる語を答えなさい。　　　　　　　　　　　〔　　　　　〕

(2)　SDGs の理念を 9 文字で答えなさい。　　　　　　　　　　　　〔　　　　　〕

1 次の文章を読んで，あとの問いに答えなさい。 (各8点 計16点)

　国際取引では通貨のやりとりに外国為替手形が使われることから，通貨間の交換比率を外国為替レート，交換の場を外国為替市場という。為替レートの決め方には，1ドル＝360円というように固定した交換比率に決めてしまう①固定相場制と，市場での自由な取引の結果に任せる②変動相場制とがある。世界の通貨の約束事は，IMFで決められる。かつては固定相場制であったが，1971年のニクソン・ショックをきっかけに変わり，現在は変動相場制である。

(1) 下線①に関連し，金・ドル本位制のもとで，ドルだけが金との交換を保証され，国際取引の中心となった。このような国際取引の中心となる通貨を何というか。

(2) 下線②に関連し，1ドル＝200円から1ドル＝100円に為替相場が変化した場合についての記述として最も適当なものを，**ア～エ**のうちから1つ選びなさい。

ア 時給1,000円は5ドルから10ドルになるため，日本で働きたいと考える外国人が増える。

イ 1泊10,000円の宿泊費は100ドルから50ドルになるため，日本を訪れる外国からの観光客が増える。

ウ 1台10,000ドルの自動車は100万円から200万円になるため，外国からの自動車の輸入台数が減る。

エ 個人の金融資産1,400兆円は14兆ドルから7兆ドルになるため，日本へ高級品を輸出しようとする外国企業が減る。

(1)		(2)	

2 次の文章を読んで，あとの問いに答えなさい。 ((1)，(2)，(4)：各8点，(3)：20点 計44点)

　国連によれば，世界の人口は2025年の82億人から2030年の85億人へ，さらに2050年には97億人，2100年には109億人へと増えると予測されている。①過去の100年前，200年前とは比べものにならない急激な増加である。

　最大の要因は，発展途上国が ア から イ へと変化したことである。途上国が ウ となった理由は，途上国では子どもは労働力であり，女性の地位も低く妊娠・出産を拒めず，医療・衛生状態の改善によって子どもの死亡率は以前に比べて大幅に低下したことである。

　国際社会では，②リプロダクティブ・ヘルス／ライツが1994年の国際人口開発会議以来提唱されているが， エ を権利として認めることには反対も多い。

(1) 下線①は何と表現されるか。答えなさい。

(2) 空欄**ア～ウ**に入る語句の組み合わせとして正しいものを下から選び，①～④で答えなさい。

① **ア**：「多産多死」 **イ**：「多産少死」 **ウ**：「多産多死」

② **ア**：「多産多死」 **イ**：「多産少死」 **ウ**：「多産少死」

③ **ア**：「少産多死」 **イ**：「多産少死」 **ウ**：「多産少死」

④ **ア**：「多産多死」　　**イ**：「少産少死」　　**ウ**：「多産少死」

(3) 下線②の権利の内容はどのようなものか。説明しなさい。

(4) 空欄**エ**に入る語を漢字4字で答えなさい。

(1)		(2)	
(3)			
(4)			

3　　SDGs の17のゴール（目標）のうち，①「貧困をなくす」，②「飢餓をゼロにする」，③「エネルギーを誰でも利用できるようにする」，④「パートナーシップで目標を達成する」に関する以下の問いに答えなさい。

（各8点　計40点）

(1) 下線①に関して，事業収益を得るビジネスの手法を用いるが，利益のみを目的とせず，貧困，食料不足，南北問題など社会的課題の解決に取り組む活動を何というか。

(2) 下線②に関して，先進国などで，まだ食べられる食品を廃棄してしまう問題を何というか。

(3) 下線③に関して，石油など自然界に存在し，加工されていないエネルギーを何というか。

(4) 下線③に関して，太陽光，風力，地熱など，自然環境から絶えず補充されるエネルギーを何というか。

(5) 下線④に関して，SDGs では，目標達成に向けて期限を設定している。この期限は西暦何年か。

(1)		(2)		(3)	
(4)		(5)			

1 1年1組では，探究の時間にさまざまな力を試すいくつかの課題が出た。次の文章を読んで，あとの問いに答えなさい。

　1班には，「為替レートにおける購買力平価説」というタイトルで，その説に立って論理的な結論を得るという課題が与えられた。購買力平価説とは，為替レートは各国通貨の購買力の比で決まるとする考え方で，2国通貨間の為替レートが，どちらの通貨を用いても同じだけの商品を購買できるような水準に決定されるという考え方である。つまりマクドナルドのビッグマックを買うのに，日本では400円，アメリカでは2.5ドルなら，400円＝2.5ドルということになり，1ドル＝160円になるという考え方である。

問題

(1)　いま，円とドルとの為替レートが1ドル＝100円で均衡している当初の状態から，日本とアメリカの物価指数が次の表のように変化したとき，この考え方に立てば，為替レートはどのように変化するか。正しいものを，以下の**ア〜エ**のうちから1つ選びなさい。

表

	当初の物価指数	変化後の物価指数
日　　本	100	150
アメリカ	100	200

ア　1ドル＝50円　　**イ**　1ドル＝75円　　**ウ**　1ドル＝125円　　**エ**　1ドル＝150円

〔　　　　〕

2 1年1組では，探究の時間にさまざまな力を試すいくつかの課題が出た。次の文章を読んで，あとの問いに答えなさい。

　2班には，日本に関する4つの表ABCDが与えられ，そこから読み取れることを順次述べていくという課題が出た。

表A
日本の国際収支

	2017年	2018年	2019年	2020年
経常収支	227 779	195 047	192 732	175 347
貿易・サービス収支	42 206	1 052	− 9 318	− 7 250
貿易収支	49 113	11 265	1 503	30 106
輸出	772 535	812 263	757 753	673 701
輸入	723 422	800 998	756 250	643 595
サービス収支	− 6 907	− 10 213	− 10 821	− 37 357
第一次所得収支	206 843	214 026	215 749	208 090
第二次所得収支	− 21 271	− 20 031	− 13 700	− 25 492
資本移転等収支	− 2 800	− 2 105	− 4 131	− 1 842
金融収支	188 113	201 361	248 843	153 955
直接投資	174 118	149 093	238 810	112 593
証券投資	− 56 513	100 528	93 666	42 339
金融派生商品	34 523	1 239	3 700	8 662
その他投資	9 467	− 76 127	− 115 372	− 21 618
外貨準備	26 518	26 628	28 039	11 980
誤差脱漏	− 36 866	8 419	60 242	− 19 551

（単位　億円）　　　　　　　　　　　　　　　「日本国勢図会 2021/22」

表B

ODA 総額の順位

（支出純額ベース）

順位	1996 国名	2005 国名	2019 国名
1	日本	アメリカ	アメリカ
2	アメリカ	日本	ドイツ
3	ドイツ	イギリス	イギリス
4	フランス	フランス	フランス
5	オランダ	ドイツ	日本
6	イギリス	オランダ	オランダ
7	イタリア	イタリア	スウェーデン
8	スウェーデン	カナダ	カナダ
9	カナダ	スウェーデン	ノルウェー
10	デンマーク	スペイン	イタリア
11	ノルウェー	ノルウェー	スイス
12	スペイン	デンマーク	オーストラリア
13	オーストラリア	ベルギー	スペイン
14	スイス	スイス	デンマーク
15	ベルギー	オーストラリア	韓国
16	オーストリア	オーストリア	ベルギー
17	フィンランド	フィンランド	オーストリア
18	ポルトガル	アイルランド	フィンランド
19	アイルランド	ギリシャ	アイルランド
20	ニュージーランド	ポルトガル	ポーランド
21	ルクセンブルク	ニュージーランド	ニュージーランド
22		ルクセンブルク	ルクセンブルク
23			ポルトガル
24			ギリシャ
25			ハンガリー
26			チェコ
27			スロバキア
28			スロベニア
29			アイスランド

表C

ODA の対 GNI 比率の順位 （単位：％）

順位	国名	2019
1	ルクセンブルク	1.03
2	ノルウェー	1.03
3	スウェーデン	0.96
4	デンマーク	0.72
5	イギリス	0.70
6	ドイツ	0.61
7	オランダ	0.59
8	フランス	0.44
9	スイス	0.42
10	フィンランド	0.42
11	ベルギー	0.41
12	アイルランド	0.32
13	日本	0.29
14	オーストリア	0.28
15	ニュージーランド	0.28
16	カナダ	0.27
17	アイスランド	0.25
18	イタリア	0.22
19	オーストラリア	0.21
20	ハンガリー	0.21
21	スペイン	0.21
22	ギリシャ	0.18
23	ポルトガル	0.17
24	スロベニア	0.17
25	アメリカ	0.15
26	韓国	0.15
27	ポーランド	0.14
28	チェコ	0.13
29	スロバキア	0.11

表D

ODA の贈与比率の順位 （単位：％）

順位	国名	2018/2019
1	オーストラリア	100.0
1	チェコ	100.0
1	ギリシャ	100.0
1	アイルランド	100.0
1	ルクセンブルク	100.0
1	ノルウェー	100.0
1	スロバキア	100.0
1	スロベニア	100.0
1	アメリカ	100.0
1	オランダ	100.0
1	ニュージーランド	100.0
1	ハンガリー	100.0
1	アイスランド	100.0
1	スウェーデン	100.0
1	オーストリア	100.0
1	スイス	100.0
1	デンマーク	100.0
18	イギリス	99.6
19	スペイン	98.5
20	ポルトガル	97.4
21	フィンランド	96.7
22	イタリア	96.5
23	カナダ	94.7
24	ポーランド	92.5
25	ベルギー	92.4
26	ドイツ	81.6
27	フランス	60.1
28	韓国	41.8
29	日本	38.8

出典：DAC 諸国の ODA に関する外務省の資料

生徒1：第二次所得収支，資本移転等収支が赤字なことから，日本は援助を受ける国ではなく，援助をしている国だということがわかります。

生徒2：日本の ODA の総額は世界でもかなり大きい方に入ると思います。

生徒3：それは，いつも第一次所得収支が黒字であることからもわかります。

生徒4：日本の ODA の対 GNI 比率は世界の中ぐらいです。国連の目標は何とかクリアしていますが，もっと上位になればいいなと思いました。

生徒5：日本はモノの輸出には強い一方で，旅行，輸送，通信，保険などサービスの輸出には弱いことがわかります。

生徒6：金融収支は黒字なので，日本から外国への投資よりも外国から日本への投資の方が多いことがわかります。

生徒7：ODA の総額に占める贈与の比率がかなり低いので，日本は無償援助をせず，貸付を原則としていることが読み取れます。

問題

(1) 7人の生徒のうち，3人は誤った発言をしている。その3人を選びなさい。

〔 　　・　　・　　 〕

MY BEST
よくわかる高校公共問題集

著　者	塚本哲生
イラストレーション	FUJIKO
編集協力	高木直子
	社会専科, エデュ・プラニング
制作協力	株式会社エデュデザイン
データ作成	株式会社四国写研
印刷所	株式会社リーブルテック

MY BEST

よくわかる
高校 公共問題集
解答・解説

Public

本体と軽くのりづけされているので，はがしてお使いください。

Gakken

第1章 青年期の課題

｜1｜ 青年期の特徴と心のはたらき

STEP 2 基礎チェック問題　p.13

解答 ❶ マージナルマン（境界人・周辺人）

❷ 心理的離乳　❸ 心理・社会的モラトリアム

❹ アイデンティティの拡散

❺ 社会的欲求（二次的欲求）

❻ 欲求階層説　❼ 葛藤　❽ 接近−回避型

❾ 失敗反応　❿ 近道反応　⓫ 抑圧　⓬ 合理化

⓭ 反動形成　⓮ 昇華

STEP 3 単元マスター問題　p.14〜15

1 **解答** (1)① エ　② ウ　③ カ　④ ア

(2) エ (3)A ウ B ア C イ

解説 (2) モラトリアムという期間は現在もある。**ア・ウ**は誤り。**イ**　誤り。2022 年から民法の成年年齢は 20 歳から 18 歳に引き下げられた。

2 **解答** (1)　両立できない 2 つ以上の欲求の間で板挟みになって苦しむ状態。

(2)**ア** ②　**イ** ①　**ウ** ③　**エ** ①

3 **解答** A エ B ア C イ ① コ

② ケ　③ カ　④ セ

解説 解答の手順は空欄 A，B に続く文章をヒントに A，B を入れる。「理性的分析」，「筋道をたてて解決」という部分から A は**エ**とわかる。同様に「社会的に認められない方法」という部分から B は**ア**とわかる。正解以外の選択肢も何に当たるか必ず確認したい。**オ**は抑圧，**カ**は合理化，**キ**は失敗反応，**ク**は置き換えの代償，**ケ**は近道反応，**コ**は合理的解決，**シ**は同一視，**ス**は置き換えの昇華，**セ**は反動形成である。なお，防衛機制は無意識に発動される心のメカニズムなので，**サ**は抑圧にはあたらない。

1 **解答** (1)① オ　② エ　③ カ

(2)X　E　Y　D

解説 (1)　まず，**ア**と**キ**が選択肢として成り立っていないことに気づきたい。**ア**は防衛機制の「投射」，**キ**は「同一視」である。①　空欄①の直後の「満たす」から，文脈的に入るのは**ウ**と**オ**である。**ウ**は，「最も高次の欲求」とあるので，マズローの欲求階層説からもわかるように「自己実現」の欲求である。①の手前で，B君（自己実現）とは「違う」と言っているので，この選択肢は消去される。従って**オ**が入る。②　後続文で，仕事から逃げたいことの理由が書かれている。従って仕事に就かないという方向性の文が入る。**エ**と**ク**を検討するが，**ク**の選択肢は，フリーターではなくニートのことを述べており，内容的に誤っている。フリーターは定職に就かず，アルバイトなどで生計を立てている人のことである。従って**エ**が選択される。モラトリアム人間とは，わざと留年するなどして，就職など人生の選択を避ける若者をさす。③　空欄③の前後の文脈から，仕事にスムーズに入れるようにする事前準備的な内容の**イ**と**カ**が候補になるが，インターンシップは就業体験のことなので，後続文と重なるため**イ**は選べない。**カ**が入る。

(2)**X**　空欄②に**エ**（モラトリアム人間）が入るとすれば，その趣旨を述べているのは **E** である。

Y　宝くじが当たれば，仕事を辞めるというのは，仕事の目的をお金だけと考えていることである。その趣旨を述べているのは **D** である。

2 **解答** (1)① ウ　② エ　③ ア　④ イ

(2)A エ B イ C ウ D ア

解説 (1)①　他人の目を意識し誰かに認められたいという思いで行動している。③　母親と離れて，安全の欲求を満たしたいということである。④　難関大に入れるのに，自分のやりたいことを選ぶ。そこには他人の目はない。主体的に自分の人生を生きるということが述べられている。

第2章　先人の思い

｜1｜　古代の思想と宗教Ⅰ

STEP 2　基礎チェック問題　　p.19

解答 ❶ ロゴス　❷ タレス　❸ ヘラクレイトス
❹ ソフィスト　❺ 「人間は万物の尺度である」
❻ 無知の知　❼ 問答法（助産術・産婆術）
❽ 魂（プシュケー）　❾ 知徳合一　❿ イデア
⓫ 洞窟の比喩　⓬ エロース　⓭ 魂の三分説
⓮ 哲人政治　⓯ 形相（エイドス）
⓰ 倫理的徳（習性的徳）　⓱ 中庸（メソテース）
⓲ 友愛（フィリア）

STEP 3　単元マスター問題　　p.20〜21

1 **解答** (1)A　神話　B　根源（アルケー）
C　自然哲学者　D　ノモス　(2) ウ

解説 (1) 実生活とは無関係に，真理自体を探究
したいという態度をギリシャ語でフィロソフィア
という。この語の日本語訳が「哲学」である。
(2)ウ ヘラクレイトスは，「万物は流転する」と主
張し，その根源を「火」とした自然哲学者である。

2 **解答** (1)A　エ　B　イ　(2)ア　勇気
イ　無謀　ウ　温和　エ　浪費　(3)C　イ
D　ア　(4)ソクラテス［ア・カ］
プラトン［ウ・オ］　アリストテレス［イ・エ・キ］

解説 (4)ウ プラトンは洞窟から抜け出し，太陽
の光に照らされた事物の真の姿を見なければいけ
ないとした。この世の感覚に惑わされずに，真の
イデアを理性でとらえる魂の全面的な方向転換を
求めたのである。彼は，アテネ郊外に，アカデ
ミー（教育研究機関）の語源となった学園アカデ
メイアを開設し，研究と人材育成に専念した。**キ**
アリストテレスは，本質（プラトンのいうイデア
にあたる部分）は目の前にある大理石から離れた
別世界（イデア界）に存在するのではなく，目の
前の事物自体に内在するとした。彼は，理想主義
的な師プラトンのイデア論を批判し，現実主義の

哲学を説いた。また，アテネ郊外に学園リュケイ
オンを創設した。

｜2｜　古代の思想と宗教Ⅱ

STEP 2　基礎チェック問題　　p.23

解答 ❶ ヤハウェ　❷ 律法　❸ 原罪　❹ 贖罪
❺ 偶像崇拝の禁止　❻ 『クルアーン（コーラン）』
❼ 一切皆苦　❽ 諸行無常　❾ 四諦　❿ 八正道
⓫ 仁・礼　⓬ 克己復礼　⓭ 荀子　⓮ 無為自然
⓯ 万物斉同

STEP 3　単元マスター問題　　p.24〜25

1 **解答** (1) エ　(2)A　神の愛（アガペー）
B　隣人愛　C　無償　(3) 黄金律

解説 (1)エ イエスは律法を厳格に守らない人々
を批判したのではない。当時のユダヤ教は律法主
義（律法を厳格に守ることによってのみ神に救わ
れるという考え）に結びつき，それが形式主義を
もたらし，律法を守りたくとも守れない病人や貧
しい人々は，神の救いが及ばないとされた。イエ
スはこれを厳しく批判したのである。

2 **解答** (1)A　ムハンマド（マホメット）
B　アッラー　(2) ア

解説 (2)ア 『クルアーン（コーラン）』は，教義
や信仰についてのみならず，飲酒・豚肉食の禁止
など日常生活まで含め，信者の全生活を律する。

3 **解答** (1)A　集諦　B　滅諦　C　中道
(2) 大乗仏教

解説 (2) 大乗とは人々を救う大きな乗り物の意
味である。大乗仏教系の人々は，自分の悟りだけ
を求める上座部系の仏教を批判的に小乗仏教と呼
んだ。

4 **解答** (1)A　四端　B　浩然の気
C　大丈夫　(2)ア　孝　イ　悌　ウ　克己　エ　信

解説 (1) 四端の心とは，惻隠の心（他人の不幸

を見過ごせない），羞悪の心（自分の不正を恥じ，他人の悪を憎む），辞譲の心（他人を尊重し譲る），是非の心（善悪を見分ける）である。
(2)**ア・イ** 孝は父母に孝行すること，悌は兄など年長者に従順であることを意味する。

5 【解答】(1)A　道　B　逍遥遊　C　真人
(2)① 柔弱謙下　② 小国寡民　③ 心斎坐忘
【解説】(1)**A** 道家は，道徳を人為的なものとし，道徳や社会の束縛から離れた自然な姿（無為）の中に人間のあり方を見つけていった。

｜3｜　近代の思想

STEP2　基礎チェック問題　p.27

【解答】❶ ルネサンス（文芸復興）
❷ 贖宥状（免罪符）　❸ 信仰義認説　❹ 職業召命観
❺ 予定説　❻ モラリスト　❼ 懐疑主義
❽「人間は考える葦である」　❾ 帰納法
❿ 方法的懐疑　⓫ 定言命法　⓬ 道徳
⓭「最大多数の最大幸福」　⓮ 質的功利主義
⓯ 宗教的実存　⓰ 超人

STEP3　単元マスター問題　p.28〜29

1　【解答】(1)A　ウ　B　イ　C　エ　D　ア
(2)「われ思う，ゆえにわれあり（コギト・エルゴ・スム）」　(3)　エ
【解説】(3)**エ**「知は力なり」という言葉はベーコンである。

2　【解答】(1)　仮言命法　(2)　人倫の喪失状態
(3)A　エ　B　ア　(4)　ウ
【解説】(1) 仮言命法は，「信用されたいなら正直に生きろ」のような条件つきの命令であり道徳的でない。定言命法は，「人間ならば純粋に正直に生きろ」のような無条件の命令であり道徳的である。
(4)**ウ** ヘーゲルではなくカントの言葉である。「自分のやろうとすることが，いつでもどこでも誰にでもあてはまるように行動しなさい」という

意味（信用されたい時だけではダメの意）である。

3　【解答】(1)　快楽計算　(2)　ウ
【解説】(2)**ウ** ミルではなくベンサムの主張である。個人がすべき行為を働きかける制裁（サンクション）について，ミルは良心の責めという内的な制裁を重視したが，ベンサムは法によって賞罰を与えるという外的な制裁を重視した。

4　【解答】(1)　主体的真理
(2)　怨恨（ルサンチマン）
【解説】商品が大量生産され，マス・メディアが発達した大衆社会では，人間は個性を失い，商品のように画一化されていく。こうした中で主体性のある自分を取り戻そうとするのが実存主義である。
(2) 奴隷道徳とは，強者に勝てない弱者が自己を正当化し，強者に道徳的に復讐する（道徳的には自分の勝ちだと思い込む）ための道徳という意味である。

｜4｜　現代の思想

STEP2　基礎チェック問題　p.31

【解答】❶ 超越者（包括者）　❷ ひと（ダス＝マン）
❸ 死の先駆的決意　❹ 自由の刑　❺ 無知のベール
❻ 公正としての正義
❼ ケイパビリティ（潜在能力）　❽ 自己決定権
❾ 代理出産　❿ 安楽死　⓫ 尊厳死　⓬ 再生医療
⓭ iPS細胞

STEP3　単元マスター問題　p.32〜33

1　【解答】① オ・ク　② ア・ウ
③ イ・キ

2　【解答】(1)① 基本財　② 原初状態
(2)A　イ　B　エ　C　ア　(3)　イ
【解説】(3)**イ** 公正や平等にも配慮することがポイントである。

3　解答　(1)1　キ　2　イ　3　エ
4　ケ　5　ア　6　ウ　(2)　マザー゠テレサ
(3)①　サティヤーグラハ（真理の把持）
②　生命への畏敬　③　公民権運動

解説　(1)1　ヒューマニズムとは，人道主義の意味である。4　マハトマとは「偉大な魂」の意味である。6　ワシントン大行進の翌年にはついに公民権法が制定され，キング牧師自身もノーベル平和賞を受賞したが，1968年，暗殺された。

4　解答　(1)①　イ　②　オ　③　キ
④　カ　⑤　エ　⑥　ウ　⑦　ア
(2)（認めることの問題点）障がいや遺伝病を理由とした妊娠中絶につながることになり，命の選別になってしまうこと。
（認めないことの問題点）出産や子どもの数などに関して，女性の自己決定権を認めるリプロダクティブ・ヘルス／ライツ（性と生殖に関する健康／権利）を侵害してしまうこと。
(3)　改正点①　本人の提供拒否の意思表示がない場合，家族の承諾のみで可能となる。　②　15歳未満からの臓器提供が可能となる。

解説　(2)　リプロダクティブ・ヘルス／ライツは，1994年の国際人口開発会議以来提唱されている。

1　解答　(1)　③　(2)②　カント　⑤　ヘーゲル
(2)　カントは，自分の意志を自分で決めるところに人間の自由があるとし，真の自由を個人（内面的な道徳心）で実現するものと考えた。ヘーゲルは，真の自由を共同体（法や制度を定める国家）で実現するものと考えた。
(3)④　フロム　⑦　サルトル　共通の主張　イ

解説　(1)　①はヘーゲル，⑥は道家の荘子の言葉である。
(3)　両者とも，「自由から逃れる」「自由の刑」という言葉でわかるように，本来歓迎すべき自由の負の側面を指摘している。
　フロムは，ドイツの社会心理学者であり，著書『自由からの逃走』の中で，近代社会で自由を獲得した人々はその自由のもたらす不安や孤独に耐えられず，自由であることから逃れようとしたと指摘し，ドイツでファシズムが成立した心理的背景を，人々は自由の重荷から逃れるために，自分で判断するのをやめ，独裁者に無批判に服従したと分析した。

2　解答　(1)　イ　(2)①　聖書中心主義
②　万人司祭主義　(3)1　マックス゠ウェーバー
2　プロテスタンティズム（新教）

解説　(1)イ　中世は，教会の権威が強く，神中心の文化であった。ルネサンスは人々をキリスト教の束縛から解放し，人間らしさに満ちた文化を生み出した。従って，教会文化と調和ということはない。

3　解答　(1)A　エ　B　イ　(2)　イ
解説　(1)　本文に，生命の尊厳の意味として，「命を持続させること以上に価値のあることはない」と書かれているので，Aには，「命を持続させる」という趣旨が入る。Bには，文脈から「命を持続させる」こと以上のことが入る。ウも方向性としてはあるが，介護だけに限定されるものではない。
(2)イ　生命の質は，どれだけ自分の思うように生き

られたかで決まる。本人の意思に反するということは，生命の質の重視とは正反対である。

探究問題① p.36〜37

1 解答 (1) **イ，カ**

(2) 人間の行為を考える時に，カントは人間には正しい行為をする義務があるとする義務論を展開し，義務に従おうとした動機を重視する動機主義（動機説）の立場をとる。一方，ベンサムは功利主義を展開し，行為の結果を重視する帰結主義の立場をとる。席を譲ったとしても，優先席の表示があるためはずかしくて座っていることができず嫌々譲ったのであれば，カントの動機主義からいえば，席を譲った動機がよくないので，この行為に道徳的価値はない。しかし，ベンサムの帰結主義からいえば，動機がよくなくても，席が譲られ一人の高齢者が座った（幸せな状態の人が一人増えた）という結果がもたらされたのであるから，よい行為だったと評価される。従って，②の意見はカントの立場からはよい意見とはいえないが，ベンサムの立場からは正当な意見であるといえる。 (3) **イ**

(4) **D**さん （理由）プロタゴラスは「人間は万物の尺度である」と述べた。これはあるものが美しいかどうかは，一人ひとり違うということを言っており，相対主義と呼ばれる立場である。**D**さんは，「譲られた時の思いは人それぞれ」と語り，まさに相対主義を述べているから。

解説 (1) ①は，「人間には他者の幸せを願う気持ちがもともと備わっている」と述べている。**イ**のミルは，人間には他者の幸せを願う思い（利他心）などの良心が備わっているとし，他人のための献身を説いた「人から自分にしてもらいたいと思うことを，人にもしなさい」というイエスの言葉（黄金律）を功利主義の理想（功利主義道徳）とした。**カ**の孟子は，人間の本性は善であるという性善説を唱え，人間は生まれながらにして，四端の心を持っているとした。この四端の心の中の一つが惻隠の心であり，他人の不幸を見過ごせな

い心である。

(3) **イ**の発言は，礼治主義を主張した荀子の思想と一致する。優先席などというあいまいな表示をやめ，明確に，高齢者など以外は座れない席とすべきと言っているので，後続文の「優先席廃止」にも自然につながる。**ア** 経験を重視したのはデカルトではなく，フランシス=ベーコンである。ここが誤り。なお，この点に気づかなくても，後続文につながらないことがわかれば誤りであると判断できる。**ウ ウ**の中のベンサムの思想部分は内容的に正しい。ただ**ウ**の主張は，まず優先席を実施しそれがダメなら法規制ということを言っている。いきなり優先席廃止ではないので，後続文には続かない。**エ** ロールズは，社会的・経済的不平等が許される条件として，最も不利な状況にある人々の利益の最大化をもたらす不平等であること（格差の原理）をあげた。高齢者等を優先的に扱うことは最も不利な状況にある人々（高齢者等）の利益の最大化と考えられるので，ロールズの考えでは正義である。従って「正義だとはいえない」という点が違う。

(4) **E**はカント，**F**はベンサム（功利主義）の主張である。

第2部

私たちがつくる社会の基本原理

第1章

国家と人権と平和

| 1 | 国家の諸原則

STEP 2 基礎チェック問題 p.39

解答 ① 国民・領域・主権

② （領海）12 （排他的経済水域）200

③ 万人の万人に対する闘争 ④ 抵抗権（革命権）

⑤ 一般意思（一般意志） ⑥ 法の支配

⑦ 権力分立 ⑧ 国家からの自由 ⑨ 普通選挙

⑩ 国家による自由 ⑪ 君臨すれども統治せず

⑫ （法案）拒否権 ⑬ 全国人民代表大会（全人代）

STEP 3 単元マスター問題 p.40〜41

1 **解答** (1)① ウ ② エ ③ イ (2) イ

(3)① ウ ② ア ③ イ ④ オ ⑤ エ

解説 (2) 法は，国家権力によって強制される点が他の社会規範と異なっている。他の社会規範は強制されることはなく，それに反しても非難されるのみである。

(3) 自然法…理性により成立。時代や場所を超えて通用する。

実定法…特定の時代や社会で人間がつくる。

成文法…文書の形で制定される。

　①公法…国家と個人との関係を規定する。

　②私法…個人と個人との関係を規定する。

　③社会法…公法と私法の両者の性格をあわせ持つ。

不文法…文書化されていない。

　①慣習法…繰り返される慣習が法となる。

　②判例法…繰り返される判決が法となる。

2 **解答** (1)ア ルソー イ ロック

ウ ホッブズ エ ロック オ ホッブズ

カ ルソー (2)① 『リヴァイアサン』

② 『市民政府二論（統治二論）』

③ 『社会契約論』

解説 (1)ア・カ ルソーは，共同体で一体となった人々の意思を，特別な意味を込めて一般意思と呼んだ。ルソーは直接民主制を主張した。ウ・オ ホッブズは，自然状態を「万人の万人に対する闘争」（自分の生命を守るために人々が殺し合う状態）とした。殺し合いをやめさせるために強力な統治者が必要であると考えたホッブズは，結果的に絶対王政を擁護することになった。イ・エ ロックは，議会に自然権の保全を信託するが，信託が裏切られた場合は，国民はこれに抵抗し，代表や政府を変えることができる（抵抗権［革命権］）と主張した。ロックは間接民主制を支持した。

3 **解答** (1)① 解散 ② 不信任決議

③ 最高裁判所 ④ 大統領選挙人

⑤ 教書送付権 ⑥ 条約締結同意権

(2) 民主党・共和党 (3) 国家主席

(4) （中国）共産党

解説 (1)④ 形式的には，国民が大統領選挙人を選び，その大統領選挙人が大統領を選ぶ間接選挙の形で行われるが，選挙人が投票する候補者はあらかじめ決まっているので，実質的には直接選挙と変わらない。

　世界の政治制度は，権力分立制をとるか，中国のように権力集中制をとるかで2つに分かれる。権力分立制をとる場合も，イギリスを代表とする議院内閣制とアメリカを代表とする大統領制に大別できる。

| 2 | 日本国憲法の原理 |

STEP 2 基礎チェック問題 p.43

解答 ① 欽定憲法 ② 統帥権の独立 ③ 輔弼機関

④ 法律の留保 ⑤ 象徴天皇制 ⑥ 助言と承認

⑦ 内閣総理大臣・最高裁判所長官 ⑧ 国民審査

⑨ 3分の2 ⑩ 長沼ナイキ基地訴訟

⑪ 集団的自衛権 ⑫ 事前協議制

⑬ PKO（国連平和維持活動）協力法

⑭ 国際平和支援法 ⑮ 存立危機事態

STEP 3 単元マスター問題 p.44～45

1 **解答** (1)ア 外見的 イ 総攬

(2) ア・ウ・エ

解説 (2)ア 法律の留保とは，権利を「法律の範囲内」で認めるという限定である。これは法律で権利の範囲を狭めれば，いくらでも人権を制限できることを意味する語句で，これにより人権保障は極めて弱いものになる。日本国憲法には法律の留保は一切ない。**ウ** 選挙をせず，勅任議員らで構成されたのは貴族院である。**エ** 帝国議会は，輔弼機関（補佐機関）ではなく協賛機関（審議し同意する機関）である。

2 **解答** (1)ア 代表者 イ 最高法規

ウ 硬性 エ 軟性 (2) ア・カ

解説 (2) 議会を通さずに国民の意思が表明，行使されるのが，直接民主制的な制度である。**イ，ウ，エ，オ**はそれに該当する。

3 **解答** (1)① オ ② ア ③ エ ④ ウ

⑤ イ (2)ア 文民 イ 内閣総理大臣

ウ 国家安全保障会議 エ 国会の承認

(3)a ウ b エ c イ (4) 有事法制

(5) 非核三原則

(6) 国家の存立にかかわるような高度に政治性を有する行為（統治行為）については，裁判所は判断が可能であっても，司法審査の対象から除外する（判断をしない）という考え方。

解説 (6) 統治行為論の背景には，高度な政治問題は民意で決めたほうがよい（国民に選ばれた国会や，内閣が決めるべき）という民意重視の考え方がある。

│3│ 日本国憲法の原理Ⅱ

STEP 2 基礎チェック問題 p.47

解答 ❶ 両性の本質的平等 ❷ 実質的平等

❸ 経済の自由 ❹ 政教分離の原則 ❺ 通信の秘密

❻ 大学の自治 ❼ 法定（適正）手続き

❽ 労働基本権 ❾ プログラム規定説

❿ 国家賠償請求権 ⓫ 情報公開条例

⓬ プライバシーの権利

⓭ 環境アセスメント法（環境影響評価法）

STEP 3 単元マスター問題 p.48～49

1 **解答** (1)ア 請求 イ 新しい人

ウ 公共の福祉 エ プライバシー (2) ウ

解説 (2) 憲法は公法であり，公権力を持つ国家と個人との関係を規定する。従って，憲法は国民相互（私人間）の紛争には効力を持たない。ただ，最高裁判所は三菱樹脂事件でこの原則を確認したうえで，国民相互の関係であってもあまりにも侵害がひどい場合には，憲法を間接的に適用し，人権相互の調整を図る場合があるとした。

2 **解答** ア 苦役 イ 現行犯 ウ 令状

エ 弁護人 オ 黙秘 カ 罪刑法定

3 **解答** (1)ア 最低限度 イ 生存権

ウ 機会均等 エ 義務教育 オ 勤労 (2) ア

解説 (2)エ 裁判所が裁量権を持つという点が誤りである。プログラム規定説では，国会や内閣が幅広い裁量権を持ち，その判断が尊重される。朝日訴訟で最高裁は，厚生大臣（現：厚生労働大臣）に幅広い裁量権を認め，堀木訴訟では，国会に幅広い裁量権を認めた。**ウ** 憲法は，保護者に教育を受けさせる義務を課している。

4 **解答** (1)ア 13 イ 表現の自由

(2)ア ③ イ ② ウ ① エ ① オ ③

カ ② キ ②

解説 (2) 特定秘密保護法は，防衛・外交など安全保障に関する特定の情報を漏らした者に厳罰を科すもので，知る権利を侵害するとの批判がある。**カ**は小説『宴のあと』のモデルとされた政治家の，**キ**は無断で小説『石に泳ぐ魚』のモデルにされた女性のプライバシーが問題となった。

定期テスト対策問題③ p.50〜51

1 解答 (1)**A** 領土 **B** 領空
C 排他的経済水域 (2) ワイマール憲法

解説 (1) 領海は，沿岸から12海里まで。海里は海上での距離の単位で，1海里は1852m。領海の外側には，沿岸から200海里まで排他的経済水域（EEZ）を設定することができる。このエリアでは，漁業資源や鉱物資源について沿岸国が権利を持つ。領空には，宇宙空間（大気圏外）は含まれない。

(2) 第一次世界大戦に敗れたドイツで，1919年に制定されたワイマール憲法が，社会権を保障する人権宣言のさきがけとなった。

2 解答 (1)**ア** ③ **イ** ② **ウ** ① **エ** ②
オ ③ **カ** ① (2)① **ウ** ② **エ** ③ **ア**
④ **イ**

解説 (1)**エ** 新興の商工業者など「財産と教養」を持つ市民階級をブルジョワジーともいう。
(2)**ア** モンテスキューは，著書『法の精神』の中で国家権力を立法権・行政権・司法権に分ける三権分立論を主張した。**イ** 国の政治のあり方を決める最終決定権が国民にあるとする原理を国民主権という。リンカーンの言葉は，これを簡潔に表現したものとして有名である。**ウ** 「法の支配」は，権力者も法によって拘束されるという原理。例え王であってもコモン・ロー（慣習法）には従わなければならない，というイギリスで生まれた考え方が発展したものである。

3 解答 (1) **ウ** 上院 (2) **イ** 労働党
(3) **ウ** 全国人民代表大会（全人代）
(4) **ア** 任期4年 (5) **エ** 慣習法

解説 (2) イギリスの二大政党は保守党と労働党である。シャドー・キャビネットとは，政権をとっていない側の政党が，次の政権担当に備えて組織する影の内閣のことである。

4 解答 (1) **ア** 長沼ナイキ基地訴訟

(2) **エ** 憲法の解釈

解説 (1) 自衛隊や日米安保条約と，憲法第9条との関係について，最高裁判所は一度も憲法判断をしていない。

(2) 変更されたのは法解釈（条文の文言の読み方，考え方）であって，条文の文言は一切変えていない。

探究問題② p.52〜53

1 解答 (1)**Ⅰ** B **Ⅱ** C **Ⅲ** A **Ⅳ** B
(2)**Ⅴ** ルソー **Ⅵ** ロック (3)① **ウ** ② **キ**
(4) **イ** (5) 社会権（生存権） (6) 公共の福祉

解説 (1)**A** ［国家の統治権］とは，国民と領域を，強制力をもって支配する力である。**B** ［国政の最終決定権］とは，国の政治のあり方を最終的に決定する力である。**C** ［国家権力の最高独立性］とは，他国の干渉を受けない対外独立性のことである。

(2) 難解な文章であるが，読み進めていくと，**Ⅴ**には，「一般意思」「結合体（共同体）」，「意思は代表されることを許さない」などルソーの思想を連想させる語句が使われている。**Ⅴ**は，ルソーの『社会契約論』の一節である。**Ⅵ**には，「社会契約」，「財産」，「立法府に与えられた信託に反する」などロックの思想を連想させる語句が使われている。**Ⅵ**はロックの『市民政府二論（統治二論）』の一節である。

(3) **Ⅴ**の下線①は，代議制（間接民主制）を否定している。それは，直接民主制の主張である。**Ⅵ**の下線②は，「新しい立法府の設立」と言っているがそれは旧立法府への抵抗と不信任を意味する。

(4) フランス人権宣言は，フランス革命の際に宣言され，前文と17の条文からなる。前文2行目と第16条で立憲主義，第1条で天賦人権，前文2行目と第2条で自然権，第3条で国民主権，第16条で権力分立を記述している。なお**イ**の法の支配であるが，立憲主義，天賦人権，自然権，国民主権，権力分立を認めたフランス人権宣言が法の支配を認めていることは推測できるが，問の

「Ⅶにあげた文言の中に明確に記述がある」という点からは，記述がないので誤答となる。

(5) 下線部分の「人間たるに値する生活の保障」から社会権が出てくる。

　なお，国民が国家に人間らしく生きることの保障を求める権利である社会権は，日本国憲法で，生存権（第25条）・教育を受ける権利（第26条）・労働基本権（第27条・28条）の３つからなるが，ワイマール憲法151条１項は，社会権の中でも生存権を保障した日本国憲法第25条にあたるものである。

(6) 下線部分の手前で，「所有権は義務を伴う」とある。所有権など経済の自由は，貧富の格差を助長する傾向があるため，社会権の実現（貧富の格差解消）を目的として，精神の自由に比べて幅広い制約が認められている。そこから，公共の福祉が連想できる。

第2章 政治のしくみ

| 1 | 政治機構

STEP2 基礎チェック問題　p.55

解答 ❶ 唯一の立法機関　❷ 歳費特権
❸ 両院協議会　❹ 特別会（特別国会）
❺ 議院内閣制　❻ 首長　❼ 10日
❽ 全会一致制（全員の一致）　❾ 弾劾裁判所
❿ 憲法の番人　⓫ 裁判員制度
⓬ 日本司法支援センター（法テラス）　⓭ 住民自治
⓮ 条例　⓯ 監査の請求

STEP3 単元マスター問題　p.56〜57

1 **解答** (1)ア　国権の最高機関　イ　出席
ウ　3分の2　エ　条約　オ　予算先議
カ　公聴会　(2)　規則　(3)　ア

解説 (1) 予算・条約・内閣総理大臣の指名における議決不一致の場合は，必ず両院協議会を開く。法律案の不一致の場合は，両院協議会を開かなくてもよい（開いてもよい）。

(2) 政令も規則も，国会しか立法はできないという原則の，憲法が認めた例外である。

(3)ア　憲法第67条で，内閣総理大臣は国会議員の中から指名されると規定されている。衆議院議員に限定されない。

2 **解答** (1)ア　良心　イ　法律
ウ　最高裁判所裁判官の国民審査　エ　特別裁判所
(2)　イ・カ　(3)　再審

解説 (1)エ　特別裁判所とは，法の支配（人権保障）に服する通常の司法裁判所に属さず，特別の身分や事件だけを扱う裁判所。明治憲法下では軍人を裁く軍法会議のほか，行政裁判所，皇室裁判所があった。

(2) ア・ウ・エ・オは，死刑確定後に再審で無罪となった事件である。

3 **解答** (1)ア　ブライス　イ　学校

ウ 本旨 エ 地方自治 (2) ア (3)ア 条例
イ 解職 ウ 50分の1 エ 3分の1

解説 (2) 議会と首長との関係は，互いに不信任
決議権と解散権を持つ点は議院内閣制的である
が，首長も住民から直接選挙され，また議会の決
めた条例・予算を再審議するよう求めること（拒
否権）ができる点は大統領制的である。

(3) 監査の請求とは，議会及び首長の担当する一切
の事務の執行の監査（違法な点がないかなどの
チェック）を求めるものである。

| 2 | 国民の政治参加と行政国家

STEP 2　基礎チェック問題　p.59

解答 ❶ 秘密選挙　❷ 大選挙区制
❸ 小選挙区比例代表並立制　❹ 重複立候補
❺ 非拘束名簿式比例代表制　❻ 連座制
❼ 圧力団体　❽ 55年体制　❾ 政党助成法
❿ 無党派層　⓫ 官僚　⓬ 委任立法
⓭ 鉄の三角形（トライアングル）
⓮ オンブズマン（行政監察官）制度
⓯ 独立行政法人　⓰ 内閣府

STEP 3　単元マスター問題　p.60~61

1 **解答** (1)ア　公職選挙　イ　戸別訪問
(2) 議員定数 (3)(i) ウ・カ (ii) ア・イ (iii) オ
(iv) エ

解説 (2) 衆議院選挙の結果については，2度の
違憲判決が出ているが，党派間の対立もあり，抜
本的な解決には至っていない。

(3)(ii) 小選挙区制の短所には，この他に，選挙区が
小さいため，与党（政権党）に都合のよい選挙区
割り（ゲリマンダー）が行われる危険があること
も挙げられる。(iii) 大選挙区制の長所は，少数党
でも議席が得られ，多様な民意が議会に反映され
ることである。

2 **解答** (1) エ (2)ア　族議員
イ　ロビイスト

解説 族議員はある程度政策別に分かれており，
厚労族，国交族，文教族などと呼ばれる。アメリ
カでは圧力団体の代理人をロビイストというが，
日本ではこの役割を族議員が担っていることが多
い。

3 **解答** (1) 川崎 (2) マックス＝ウェーバー
(3) 内閣提出法案 (4)**A**　人事院
B　国家公安委員会　**C**　中央労働委員会
D　公正取引委員会

解説 (2) 官僚制には優れた部分もあるが，以下
のような弊害も指摘される。①自己の仕事か否か
にこだわるセクショナリズム（縄張り主義），②
内部文書などの公開を嫌う秘密主義，③書類作成
などの手続きにこだわる形式主義などである。な
お，これらは官僚組織以外の大規模組織でも見ら
れる現象である。

(3) 複雑な行政に対応する法律を国会議員が作れな
いことの裏返しである。

1　**解答**　(1)１．選挙制度の違いなどから，多様な民意を議会に反映させることができる。

２．慎重・丁寧な審議が期待できる。　(2)　**エ・オ**

(3)　**ウ・エ**　(4)　**ア**　(5)　国会審議活性化法

(6)　違憲法令審査権

解説　(2)**ア・ウ・エ**　不逮捕特権は，以下の内容である。

●法律の定める場合（院外での現行犯逮捕の場合・議院の許諾がある場合）を除いて，会期中には逮捕されない。

●会期前に逮捕された議員も，その議院の要求があれば，会期中は釈放される。

かつて，権力者の悪政を厳しく追及した議員が，犯罪容疑をかぶせられ逮捕された。その歴史から生まれた特権である。

イ　免責特権である。発言が名誉棄損とされたり，発言に対して損害賠償請求をされては，自由な発言ができないからである。

オ　憲法第49条は「相当額の歳費を受ける」と規定しているが，減額については規定がなく，禁止されてはいない。なお，裁判官に関しては，在任中の減額が明確に禁止されている（第79・80条）。

(3)**ウ**　国政全般に関する調査ができる。犯罪の疑いのある場合に限定されない。**エ**　両院が別々に単独で行使する権限なので，一致で行われる必要はない。

(4)**ア**　議決不一致で，両院協議会でも意見が一致しなければ，衆議院の議決が国会の議決となる。参議院が10日以内に議決しない場合も，衆議院の議決が国会の議決となる（第67条）。

(6)　三権の抑制と均衡（チェック・アンド・バランス）の観点から見ると，司法権から他の２権への強力な抑制となっている。

2　**解答**　(1)**ア**　依存　**イ**　地方

ウ　国庫支出金　(2)　**エ**

解説　(1)　地方財政の財源には，自主財源（国に頼らず自らの権限で徴収するもの）と依存財源（国から交付を受けるなど国に依存するもの）がある。自主財源は地方税だけである。依存財源は国に頼るものなので，国の介入を招きがちとなり，地方の自主性が阻害される。

(2)**ア**　地方分権一括法により，国から強い指揮監督を受け，地方が国に支配される原因をつくってきた機関委任事務は廃止され，地方公共団体の事務は自治事務（地方が独自にその責任で行う事務）と法定受託事務（法令により国から委託された事務だが，国に包括的な指揮監督権はない）に再編成された。**ウ・エ**　条例にもとづく住民投票に法的拘束力はない。これが大原則であり，**ウ**は正しい。ただ**エ**の「大阪都」構想は，法的拘束力のある大都市地域特別区設置法にもとづいて行われた。

1　**解答**　**ウ**

解説　①単純多数決だと，京都に決定（京都16票，沖縄14票。北海道10票）する。

決選投票だと，京都と沖縄で決選投票することになる。１回目に北海道に入れた生徒は２位の沖縄に投票する。従って沖縄に決定（京都16票，沖縄24票）する。

ボルダ・ルールだと京都72点（3点×16人，1点×24人），沖縄78点（3点×14人，2点×10人，1点×16人），北海道90点（3点×10人，2点×30人）で北海道に決定する。

2　**解答**　(1)　ドント　(2)**イ**　453　**ウ**　301

エ　302　(3)　**イ・カ**

解説　(2)　**イ・ウ・エ**に数字を入れると，X党は当選ラインの５番目までに３個の数字（906・453・302）がある。従ってX党は３人。Y党は２個（602・301）なので２人，Z党は０個（300があるが，５番目までが当選なので６番目の300は獲得議席にはならない）なので０議席の配分となる。Z党が０人というのは一見不公平であるが，整数で割ることによって，A党には302票獲得し

た候補者が3人，B党には301票獲得した候補者が2人いると考えることができる。X党から3人，Y党から2人当選する前に，Z（300票で6番目）に1議席与えるほうが不公平なのである。これがドント方式の意味である。

(3) 衆議院の場合，小選挙区と比例代表区は重複立候補が可能であるが，重複立候補の場合，先に小選挙区から当選・落選の判断を行う。小選挙区での当選が決まれば比例代表の名簿から削除される（小選挙区で落選した場合は，比例代表の名簿はそのままなので復活当選がありえる）。

　今回の場合，名簿2位のBは小選挙区で当選したので比例の名簿から削除され，C・D・E・Fは，順位が1つずつ繰り上がる。3位に繰り上がったDとEは，ともに小選挙区で落選しているが，同一順位なので，小選挙区での惜敗率で順位を付ける。惜敗率とは，小選挙区における，当選者の得票数に対する落選者の得票比率である。Dは，小選挙区で当選者12万票に対し8万4千票で落選しているので，8.4÷12＝0.7で，Dの惜敗率は70％。Eは，小選挙区で当選者10万票に対し8万票で落選しているので，8÷10＝0.8でEの惜敗率は80％。惜敗率が大きいEが3位，Dが4位となる。X党の比例代表での配分議席は3なので，A・C・Eが当選となる。

第3章 経済のしくみ

| 1 | 市場のしくみと現代の企業

STEP 2 基礎チェック問題　p.67

解答 ① 生産手段　② 産業資本主義
③ 有効需要政策　④ マネタリズム
⑤ 社会主義市場経済　⑥ サービス
⑦ 自動調節機能　⑧ 価格弾力性
⑨ 需要曲線・供給曲線のシフト　⑩ 市場の失敗
⑪ カルテル　⑫ 依存効果　⑬ 合同会社
⑭ 取締役会　⑮ 所有（資本）と経営の分離
⑯ コーポレート・ガバナンス（企業統治）
⑰ メセナ　⑱ コングロマリット（複合企業）

STEP 3 単元マスター問題　p.68～69

1 **解答** (1)ア　利潤　イ　階級対立
ウ　計画　(2)　修正資本主義　(3)　マルクス
解説 (2)　混合経済ともいう。

2 **解答** (1)ア　①　イ　③　ウ　④　エ　③
オ　①　カ　⑦　キ　⑧　ク　⑤　ケ　⑥　(2)　③
解説 (2)　価格弾力性が大きいとグラフの傾きがゆるやか（価格が変わると需要量が大きく変化）に，小さいと傾きが急（価格が変わっても需要量の変化は少ない）になる。しょうゆなど生活必需品は，価格が上下しても必要な分は買わなければならない。すなわち価格弾力性が小さい。ケーキなど生活必需品でないもの（ぜいたく品など）は，価格が上がれば，我慢したり，安いお菓子に変えたりする。すなわち価格弾力性が大きい。

3 **解答** (1)ア　規模の利益（スケールメリット）
イ　管理価格　ウ　下方硬直
エ　マーケット・シェア　オ　株式　カ　株主
キ　有限　ク　株主総会　(2)　寡占　(3)　非競合性
解説 (2)　道路・上下水道・公園などの社会資本や，警察・消防などの公共サービスをまとめて公共財という。公共財には，不特定多数の人が同時

に利用できる（非競合性），料金を支払わない人を排除できない（非排除性）という性質がある。

│2│　国民所得と経済成長

STEP 2　基礎チェック問題　　p.71

解答 ❶ ストック　❷ 中間生産物
❸ 固定資本減耗　❹ 海外からの純所得
❺ 支出国民所得　❻ グリーンGDP（EDP）
❼ 支払手段　❽ 預金通貨　❾ 要求払い預金
❿ 世界恐慌　⓫ 企業物価指数
⓬ コスト・プッシュ・インフレーション（費用［供給］インフレ）
⓭ デフレスパイラル　⓮ 回復　⓯ 恐慌
⓰ キチンの波　⓱ クズネッツの波
⓲ 実質経済成長率　⓳ GDPデフレーター

STEP 3　単元マスター問題　　p.72〜73

1　解答 (1)ア　付加　イ　国民純福祉（NNW）
(2)A　間接税　B　補助金　(3)　国内総生産
(4)　生産国民所得　(5)　三面等価の原則

解説 (5)　どの産業で生み出されたかが，生産国民所得，どのように国民に分配されたかが，分配国民所得，どのように国民が使ったかが，支出国民所得である。同じものを3面から見ただけであり，金額は等しくなる。これを三面等価の原則という。

2　解答 (1)ア　後退　イ　主循環　ウ　名目経済成長率　(2)　エ
(3)コンドラチェフの波（エ・キ）
キチンの波（ア・ク）　クズネッツの波（ウ・オ）
ジュグラーの波（イ・カ）(4)ア　前年のGDP
イ　実質GDP　(5)（名目）50%　（実質）20%

解説 (5)

今年の名目経済成長率 $=\dfrac{150-100}{100}\times100=50\%$

今年の実質GDP $=\dfrac{150}{125}\times100=120$ 兆円

今年の実質経済成長率 $=\dfrac{120-100}{100}\times100=20\%$

3　解答 (1)ア　日本銀行　イ　補助貨幣
ウ　管理通貨制度　エ　インフレ（インフレーション）
オ　ケインズ　(2)　兌換紙幣

解説 (1)イ　コインともいう。

│3│　金融・財政のしくみ

STEP 2　基礎チェック問題　　p.75

解答 ❶ 利子（金利）　❷ 株式　❸ 信用創造
❹ 資金供給（買い）オペレーション　❺ 上げる
❻ 無担保コールレート（オーバーナイト物）
❼ 金融ビッグバン（金融大改革）
❽ インフレターゲット政策　❾ 特別会計
❿ 財政投融資計画
⓫ 裁量的財政政策（伸縮的財政政策［フィスカル・ポリシー］）
⓬ ビルト・イン・スタビライザー（自動安定化装置）
⓭ 法人税　⓮ 住民税　⓯ 間接税　⓰ 垂直的公平
⓱ 水平的公平　⓲ シャウプ勧告　⓳ 建設国債
⓴ 赤字国債（特例国債）
㉑ プライマリー・バランス（基礎的財政収支）

STEP 3　単元マスター問題　　p.76〜77

1　解答 (1)ア　市中　イ　発券
ウ　金融政策決定会合　エ　引き締め
オ　資金吸収（売り）　(2)　非伝統的金融政策

解説 (2)　ゼロ金利政策のもとで，これ以上金利では手を打てないので生まれてきたやり方である。

2　解答 (1)ア　歳入　イ　歳出　ウ　国会
エ　市場の失敗　(2)　ウ　(3)　エ

3　解答 (1)ア　所得捕捉　イ　逆進　ウ　直接
エ　間接　(2)①　担税者　②　納税者
③　直間比率　(3)A・B　ウ・オ(順不同)
C・D　ア・エ(順不同)　E　イ

解説 (1)**ア** 所得捕捉率とは，税務署による所得の正確な把握率である。これが，職種によって異なるため，実際は所得が同じでも税額が違い，水平的不公平が生まれている。

(2)①，② 消費税の場合，担税者はコンビニの客であるが，納税者は後日まとめて税務署に納めに行くコンビニの経営者らである。

4 **解答** (1) 硬直

(2) クラウディング・アウト（押しのけ効果）

解説 (1) 硬直化とは，返済に追われ，自由に使える予算がなくなっていくことである。

| 4 | 日本経済のあゆみと課題

STEP 2 基礎チェック問題　p.79

解答 ❶ 農地改革　❷ ドッジ・ライン
❸ 朝鮮特需（特需景気）　❹ 国民所得倍増計画
❺ 産業構造の高度化　❻ 狂乱物価
❼ スタグフレーション　❽ プラザ合意
❾ 不良債権　❿ 格差社会　⓫ リーマン・ショック
⓬ 二重構造
⓭ ベンチャー企業（ベンチャー・ビジネス）
⓮ 食糧管理制度　⓯ 減反政策
⓰ トレーサビリティシステム
⓱ 消費者の４つの権利　⓲ 消費者庁

STEP 3 単元マスター問題　p.80～81

1 **解答** (1)**ア** 経済民主化　**イ** 持株会社整理
ウ 寄生地主　**エ** 自作農　**オ** シャウプ勧告
(2) 傾斜生産方式　(3) **ウ**

解説 (1)**イ** 持株会社は，一族経営の企業集団である財閥の本体にあたる。**ウ** ドッジ・ラインの骨格は，インフレ対策である。インフレを抑えるためには，資金の過剰供給をやめなければならないが，**ウ**は逆の資金の供給にあたるのでインフレ対策にならない。

---

2 **解答** (1)**ア** ニクソン（ドル）
イ 第一次石油　**ウ** 1974　**エ** マイナス
オ 貿易　**カ** 双子の赤字　**キ** 集中豪雨　**ク** 1985
(2) **ア**

解説 (1)**オ・カ** レーガン大統領の経済政策は，レーガノミックスと呼ばれた。**ク** アメリカの輸出拡大・貿易赤字縮小をはかるため各国が協力してドル安（円高）へと為替レートを誘導していくことが決められた。

(2) **ア** 逆である。日本国民の貯蓄率は高く，豊富な資金が銀行経由（間接金融）で企業に供給された。

---

3 **解答** (1)**ア** 農業基本　**イ** オレンジ
ウ 食料安全保障　**エ** 食糧管理　(2) 新食糧法
(3) 情報の非対称性　(4) 6次産業化

解説 (4) 6次産業の6の意味は，農家などの生産者（第一次産業）が加工（第二次産業），流通・販売（第三次産業）も行う（1次産業が2次・3次も取り込むので1×2×3）ことからきている。

| 5 | 地球環境問題

STEP 2 基礎チェック問題　p.83

解答 ❶ 水俣病　❷ 四大公害訴訟
❸ 環境基本法　❹ 汚染者負担の原則（PPP）
❺ 無過失責任の原則
❻ 環境アセスメント（環境影響評価）
❼ リデュース　❽ 循環型社会形成推進基本法
❾ 拡大生産者責任　❿ ゼロ・エミッション
⓫ ダイオキシン　⓬ フロン（フロンガス）
⓭ 温室効果ガス　⓮ 酸性雨　⓯ 国連人間環境会議
⓰ 持続可能な開発　⓱ 気候変動枠組み条約
⓲ 京都議定書　⓳ 京都メカニズム
⓴ ポスト京都議定書　㉑ パリ協定

STEP 3 単元マスター問題　p.84～85

1 **解答** (1)**ア** 足尾銅山　**イ** 公害対策基本

ウ 公害　エ 環境庁　オ 外部不（負）

カ 内部 (2) 典型7公害

解説 (1)**オ・カ** 内部化とは，外部不経済（公害）の費用を市場メカニズム（売り手と買い手の関係）に組み込むことである。外部不経済はそのまだとやり得で減らないが，費用を企業に負担させれば，製品価格を値上げせざるをえなくなり（売り手と買い手が費用を負担していることになる。これが内部化である），それが嫌な企業は，費用が最小ですむよう，汚染物質の排出削減に努力する。この原則は1972年にOECD（経済協力開発機構）が提唱した。

---

2 **解答** (1)**ア** 環境基本

イ 環境アセスメント（環境影響評価）

(2)（リユース）再使用　（リサイクル）再生利用

(3) 環境税（炭素税）(4) ISO（国際標準化機構）

解説 (1)**イ** 事前に行うのは，環境への影響が大きい場合には事業の中止もありうるという意味である。

---

3 **解答** (1)**ア** かけがえのない地球

イ リオデジャネイロ（リオ）　**ウ** アジェンダ21

エ 多様性　**オ** 第3回締約国会議

(2)（宣言）人間環境宣言

（機関）国連環境計画（UNEP）

(3) **ウ**

(4) 環境開発サミット（持続可能な開発に関する世界首脳会議）

(5)**ア** ラムサール条約　**イ** ワシントン条約

ウ バーゼル条約

｜6｜ 社会保障と労働問題

STEP 2　基礎チェック問題　　p.87

解答 ❶ エリザベス救貧法　❷ ラッダイト運動

❸ 公的扶助・公衆衛生　❹ 労災保険・介護保険

❺ 国民皆年金　❻ 賦課方式　❼ 国民負担率

❽ ヨーロッパ大陸型　❾ 合計特殊出生率

❿ ノーマライゼーション　⓫ 国際労働機関(ILO)

⓬ 労働三法　⓭ 労働協約　⓮ 不当労働行為

⓯ 労働関係調整法　⓰ 人事院勧告

⓱ ワークシェアリング

STEP 3　単元マスター問題　　p.88～89

1 **解答** (1)**ア** 社会保険　**イ** 社会福祉

ウ 雇用　**エ** 国民健康保険　**オ** 後期高齢者医療

カ 皆保険 (2) **イ**

解説 (2)**イ** 「多元化」ではなく，「一元化」である。年金保険は，職業により種類があったが，制度間の格差解消を目的に，公的年金の一元化の方向が示され，1985年に基礎年金制度が導入された。

---

2 **解答** (1)**ア** 生活保護　**イ** 福祉事務所

ウ 福祉六　**エ** 保健所 (2) バリアフリー

---

3 **解答** (1)**ア** 労働基準　**イ** 労働基準監督

(2) 変形労働時間制 (3) 労働委員会

解説 (2) 法定労働時間の例外には，フレックスタイム制（週40時間を超えない範囲で，労働者が始業・終業時間を自由に決められる），裁量労働制（みなし労働時間制［研究開発や企画などの特定の業務において，実際の労働時間に関係なく，一定時間働いたとみなす］）もある。

(3) 労働委員会には，国の中央労働委員会と，地方の都道府県労働委員会がある。

---

4 **解答** (1)**ア** 働き方改革関連

イ 同一労働同一賃金

ウ テレワーク（在宅勤務・リモートワーク）

エ AI（人工知能）(2) ワーク・ライフ・バランス

(3) 労働契約法 (4) 年功序列型賃金制

解説 (4) 近年では，職能給（職務遂行能力に応じて決定），職務給（担当する業務内容に応じて決定），年俸制（前年度の実績で1年間の支払い総額を決定）などが導入されている。

定期テスト対策問題⑤ p.90〜91

1 **解答** (1)**ア** 独占 **イ** 世界恐慌
ウ ニューディール (2) コンツェルン (3) **イ**

解説 (1)**ウ** テネシー渓谷の大規模な開発など思い切った公共投資を行い，有効需要の拡大につとめた。

(2) コンツェルンの中で，特に一族が支配するものを財閥という。

2 **解答** (1)**ア** 小さな政府 **イ** 新自由
(2) **イ** (3) 構造改革

解説 (1)・(3) 1980年代，イギリスのサッチャー政権，アメリカのレーガン政権がこれを実行し，日本でも規制緩和，行政改革など，小さな政府をめざす政策が進められた。2001年に自民党の小泉純一郎内閣が成立すると，自由化（規制緩和・民営化）を進める構造改革を推し進めたが，これも同じ小さな政府をめざすものである。

3 **解答** (1)**ア** バブル経済（バブル景気）
イ 貸し渋り **ウ** リストラ
(2) ユニバーサルデザイン (3) シュンペーター
(4) 例外なき関税化 (5) クーリング・オフ
(6) セクシャル・ハラスメント（セクハラ）

解説 (1)**ア** 平成景気ともいう。**ウ** 本来はリストラクチャリング（事業の再構築）という意味で，不採算事業を切り捨て，成長の見込める新事業へ進出することであるが，バブル経済崩壊後の日本では単なる人減らしの意味で使われた。

(3) シュンペーターは，資本主義は，企業家の行う絶えざる技術革新（イノベーション）による創造的破壊によって発展すると主張し，「イノベーション」の重要性を説いた。

(5) 「契約を守らない場合は違約金を払う」という民法の原則を修正したものである。

(6) ハラスメントは，「嫌がらせ」を意味する言葉で，職場における性的な嫌がらせを「セクシャル・ハラスメント（セクハラ）」，上司が地位を背景に行う嫌がらせを「パワー・ハラスメント（パ

ワハラ）」，妊娠・出産した女性への嫌がらせを「マタニティ・ハラスメント（マタハラ）」という。

探究問題④ p.92〜93

1 **解答** (1) **カ** (2) **ア**［すべての開発が禁止されてしまうと，発展途上国は開発による貧困からの脱出がはかれない。その結果南北問題が解決されず，かえって世界を不安定化させてしまい，地球は破滅に向かうおそれがある。］**イ**［焼畑は安価な開墾方法であるために，発展途上国では，貧しさゆえに広く行われる農業である。経済援助が止められてしまうと，発展途上国はかえって焼畑に頼らざるをえず，熱帯林の破壊など地球環境の悪化につながってしまう。］

解説 (1) ①の段階 の村の総資産（村の羊の価値の合計）は1億円である。

A	10頭(100万円×10＝1000万円)
B	10頭(100万円×10＝1000万円)
C	10頭(100万円×10＝1000万円)
D	10頭(100万円×10＝1000万円)
E	10頭(100万円×10＝1000万円)
F	10頭(100万円×10＝1000万円)
G	10頭(100万円×10＝1000万円)
H	10頭(100万円×10＝1000万円)
I	10頭(100万円×10＝1000万円)
J	10頭(100万円×10＝1000万円)
村の総資産1億円	

②の段階 の村の総資産（村の羊の価値の合計）は9991万円である。

A	11頭(97万円×11＝1067万円)
B	11頭(97万円×11＝1067万円)
C	11頭(97万円×11＝1067万円)
D	10頭(97万円×10＝970万円)
E	10頭(97万円×10＝970万円)
F	10頭(97万円×10＝970万円)
G	10頭(97万円×10＝970万円)
H	10頭(97万円×10＝970万円)
I	10頭(97万円×10＝970万円)
J	10頭(97万円×10＝970万円)
村の総資産9991万円	

③の段階 の村の総資産（村の羊の価値の合計）は9900万円である。

```
A  11頭(90万円×11＝990万円)
B  11頭(90万円×11＝990万円)
C  11頭(90万円×11＝990万円)
D  11頭(90万円×11＝990万円)
E  11頭(90万円×11＝990万円)
F  11頭(90万円×11＝990万円)
G  11頭(90万円×11＝990万円)
H  11頭(90万円×11＝990万円)
I  11頭(90万円×11＝990万円)
J  11頭(90万円×11＝990万円)

村の総資産 9900万円
```

ア 正しい。**イ** 正しい。**ウ** 正しい。③の段階のA～Jのそれぞれの資産（羊の価値の合計）は990万円。①の段階のA～Jのそれぞれの資産（羊の価値の合計）は1000万円。③の段階＜①の段階となる。**エ** 正しい。②の段階のA・B・Cそれぞれの資産（羊の価値の合計）は1067万円。①の段階のA・B・Cそれぞれの資産（羊の価値の合計）は1000万円。②の段階＞①の段階となる。**オ** 正しい。②の段階のD～Jそれぞれの資産（羊の価値の合計）は970万円。①の段階のD～Jそれぞれの資産（羊の価値の合計）は1000万円。②の段階＜①の段階となる。**カ** 誤り。村の総資産（村の羊の価値の合計）は、①の段階1億円、②の段階9991万円、③の段階9900万円である。①の段階が一番多い。

(2)**ア** 今日、世界の多くの問題は南北問題に起因している。その解決に向けての途を閉ざしてしまっては地球に未来はない。**イ** 発展途上国は、焼畑を好きで行っているのではなく、貧しいがゆえに行っている。そこが理解できれば、経済援助をやめることがいい方向に向かうことにはならないことがわかる。

2 **解答** (1) イ

(2) 食料・農業・農村基本 (3) ブランド

解説 (1) 外部効果の当事者をケースごとに確認してみよう。

《外部不経済の例》①工場排出物によって大気汚染・水質汚濁などの公害が発生する場合。売り手（製品をつくる工場）と買い手（製品購入者）以外の第三者（一般国民）への悪影響である。②宅地開発によって環境が破壊される場合。売り手（開発業者）と買い手（住宅購入者）以外の第三者（一般国民）への悪影響である。

《外部経済の例》隣に果樹園ができて養蜂場（蜂蜜）の収穫が増える場合。売り手（果物の生産者）と買い手（果物の購入者）以外の第三者（養蜂場）への好影響である。

稲作が環境保全や洪水防止に寄与するという本問の事例では、市場内の当事者は、稲作農家とコメの消費者。第三者は、一般国民である。

(2) 1999年に制定された食料・農業・農村基本法は、食料安全保障を踏まえた食料の安定的供給の確保、食料自給率の向上、農業の持つ多面的機能（自然環境の保全など）を発揮させる取り組み、持続的発展のための農業経営の法人化（株式会社を含む）などを示した。この中で、「農業の持つ多面的機能（自然環境の保全など）を発揮させる取り組み」というのは、農業の持つ外部経済の増大を促進させる取り組みを指している。

(3) 外国産との競争に勝てる農産物の生産という点で、安全、高品質、おいしいという日本の強みをいかしたコメ、果物、牛肉などの「日本ブランド」の輸出の促進がはかられている。

第3部 国際社会の課題と私たちのあり方

第1章 国際政治の動向と課題

| 1 | 国際連合と冷戦

STEP 2 基礎チェック問題　p.95

解答 ❶ ウェストファリア条約　❷ グロティウス
❸ 国際慣習法　❹ 公海自由の原則
❺ 集団安全保障　❻ ウィルソン　❼ 全会一致制
❽「平和のための結集」決議　❾ 経済社会理事会
❿ 世界保健機関（WHO）　⓫ 国際司法裁判所
⓬ 国連平和維持活動（PKO）　⓭ 冷たい戦争(冷戦)
⓮ 北大西洋条約機構（NATO）　⓯ 多極化
⓰ ゴルバチョフ　⓱ マルタ宣言

STEP 3 単元マスター問題　p.96〜97

1　**解答**(1)**ア**　勢力均衡　**イ**　平和原則14カ条
ウ　国際労働機関（ILO）(2)　**イ**

解説(2)**イ**　現在の国際連合の6つの主要機関の1つである国際司法裁判所のことを述べた記述である。

2　**解答**(1)　1国1票で重要事項は3分の2以上，それ以外は過半数の多数決で決議される。
(2)　決議に不満な常任理事国が，決議を無視した行動をとれば，決議に賛成した常任理事国との間で大国同士の軍事衝突になってしまうため。
(3)　UNESCO

解説(2)　拒否権の行使で安保理が機能しなくなると，拒否権の廃止が議論にあがるが，拒否権を認める背景には，それを認めない場合，拒否権を使われて決議が阻止されるよりももっと悪い状況（核戦争・第三次世界大戦など）になるという判断がある。

3　**解答**(1)　デタント
(2)**ア**　アジア・アフリカ（バンドン）
イ　植民地独立付与　**ウ**　非同盟諸国

エ　キューバ危機

解説(2)**エ**　最終的にソ連が撤去に応じ，危機はぎりぎりで回避された。

4　**解答**(1)　**イ・エ**　(2)**ア**　東欧革命
イ　ベルリンの壁　**ウ**　ソビエト連邦（ソ連）
エ　ロシア

解説(1)　グラスノスチは情報公開，新思考外交は協調外交の意味である。
(2)**エ**　ソ連の持っていた核兵器もロシアが継承した。

| 2 | 核軍拡競争と日本外交

STEP 2 基礎チェック問題　p.99

解答 ❶ 核抑止論（恐怖の均衡）　❷ 戦略核兵器
❸ 部分的核実験禁止条約（PTBT）
❹ 第五福竜丸事件　❺ コソボ紛争
❻ ウクライナ　❼ ダルフール紛争
❽ テロ（テロリズム）
❾ アメリカ同時多発テロ事件
❿ サンフランシスコ平和条約（講和条約）
⓫ 歯舞群島・色丹島　⓬ 日韓基本条約　⓭ 竹島
⓮ 日中共同声明　⓯ 尖閣諸島

STEP 3 単元マスター問題　p.100〜101

1　**解答**(1)**ア**　核拡散防止条約（NPT）
イ　IAEA（国際原子力機関）　**ウ**　戦略
(2)　パキスタン　(3)　中距離核戦力（INF）全廃条約
(4)　対人地雷全面禁止条約

解説(1)**ウ**　核兵器は，おおまかに射程距離で長距離の戦略核兵器，中距離の戦域核（中距離核）兵器，短距離の戦術核兵器に分類される。一般的に，米ソ（ロ）が相手の領土を直接攻撃できる戦略兵器が最も破壊力が強いといわれ，米ソ（ロ）の核軍縮の中心になってきた。
(2)　インドとパキスタンは，長年，国境地域カシミールをめぐり争い，戦火を交えてきた。ヒンドゥー教徒が多数を占めるインド対イスラーム教徒が多数を占めるパキスタン，という宗教対立の

18

側面もある。

2 解答 (1)ア　イスラエル　イ　中東
ウ　PLO（パレスチナ解放機構）
(2)　タリバン政権　(3)　イラク戦争
解説 (2)(3)　同時多発テロ事件以後，アメリカは
テロとの戦いを戦争と位置づけた（対テロ戦
争）。2003 年に，イラクのフセイン政権を攻撃し
崩壊させた（イラク戦争）のも，その一環である。

3 解答 (1)　ウ　(2)ア　日ソ共同
イ　国際連合　ウ　日中平和友好
(3)　唯一の合法的　(4)　イ
解説 (1)ウ　アメリカは当初から日本の加盟を支
持していた。拒否権を行使して日本の加盟を阻ん
でいたのは，ソ連である。
(2)ア・イ　日ソ共同宣言を受けて，ソ連が日本の国
連加盟支持にまわり，実現した。
(4)イ　安倍晋三首相ではなく，小泉純一郎首相であ
る。

1 (1)ア　『戦争と平和の法』　イ　自然
ウ　外交特権　(2)　エ
解説 (2)エ　今まで安全保障というと「国家の安
全保障（国家の安全と独立の維持）」という意味
だった。しかし近年，国家よりも一人ひとりの人
間に着目し，そもそも人間の安全（恐怖と欠乏か
ら解放された状態）が保障されなければならない
という「人間の安全保障」という概念が，国連で
提起されている。「人間の安全保障」という概念
は，「国家の安全保障」というアプローチだけで
は不十分である，という立場に立っている。

2 解答 (1)ア　勧告
イ　国連難民高等弁務官事務所（UNHCR）
ウ　国連児童基金（UNICEF）　(2)　イ
(3)　5 大国一致の原則
解説 (1)ア　勧告の場合，勧告を受けた国がそれ
を無視すればそれまでである。しかし安保理の決
議には法的拘束力があり，従わなければ，安保理
は，経済制裁など非軍事的措置だけではなく，軍
事的措置もとることができる。

3 解答 (1)　国境なき医師団　(2)　エ　(3)　ア
解説 (1)　NGO（非政府組織）は，人権・平和・
環境問題などで活動する，非営利の市民ボラン
ティア団体である。政府機関ではないので，国家
の枠を超えて地球的立場で行動できる。
(2)エ　朝鮮戦争の際に「国連軍」，湾岸戦争（1991
年）の際に「多国籍軍」と呼ばれる国連軍的なも
のがあったが，安保理決議にもとづいて各国が自
発的に派遣したもので，本来の国連軍ではない。
(3)ア　国連平和維持活動（PKO）は，本来の国連
軍がつくれない中で，慣行を通じて確立されてき
たので，国連憲章に明文の定めはない。冷戦終結
後，PKO の任務も多様化し，伝統的 PKO（軍人
による停戦監視・兵力引き離し）に加え，文民に
よる選挙監視，復興支援活動，平和構築活動も加
わり，多機能型・複合型 PKO と呼ばれている。

探究問題⑤　　　　　　　p.104〜105

1 **解答** (1)　**ウ**　(2)　**イ**

解説 (1)**ア**　正しい。Aが裏切った場合，Bは裏切れば2点（④），協力すれば1点（②）である。裏切った方がポイント（獲得できる点数）が高い。**イ**　正しい。Aだけの損得を見ると，Bがどちらを選択したとしても協力するよりも裏切った方がポイントが高い（②＞①，④＞③）。Bだけの損得を見ると，Aがどちらを選択したとしても協力するよりも裏切った方がポイントが高い（③＞①，④＞②）。**ウ**　誤り。Aが協力し，Bも協力した場合，Bは4点（①）である。Aが協力し，Bが裏切った場合，Bは5点（③）である。協力する方がポイントが低い。**エ**　正しい。Bが裏切った場合，Aは協力すれば1点（③），裏切れば2点（④）である。協力する方がポイントが低い。**オ**　正しい。A・Bが協力した場合の合計点は8点（①）で，他のいかなる組み合わせ（②6点・③6点・④4点）よりも高い。**カ**　正しい。Bが協力した場合，Aは協力すれば4点（①），裏切れば5点（②）である。裏切った方がポイントが高い。

(2)**ア**　その通りである。**イ**　誤りである。A国もB国も裏切れば，以後得点は2点しか入らない。表2でも，3回目で裏切ったA国は，裏切った回は5点を獲得し（逆にB国は最低の1点）優位に立つが，以後ずっと2点が続くため，10回の合計は27点と低迷している。B国が裏切っても同様に，以後は2点が続き，長期的には低迷する。従って，互いに協力した場合よりも損である。**ウ**　3回目だけを見ればその通りである。**エ**　その通りである。互いに協力すれば両国とも40点になる。

なおこのゲーム理論が訴えていることは，(1)の**オ**，(2)の**エ**を両国が選択することが，両国にとって最も得だということであり，それは同時に世界にとって最も望ましい結果だということである。

2 **解答** **ウ・オ**

解説 日本は核兵器禁止条約に賛成していない。資料は，不賛成の理由を説明した日本の外務省の文書である。**ア**　誤り。核拡散防止条約については，文章の中で一切取り上げられていない。**イ**　誤り。核兵器の使用をほのめかす国として北朝鮮をあげているが，日本も核の保有をめざすということは言っていない。日米同盟の下で「核兵器を有する米国の抑止力を維持することが必要」と言っている。**ウ**　正しい。「核兵器を有する米国の抑止力を維持することが必要」という言葉は，核兵器で反撃する能力を持つことにより相手国の核攻撃を思いとどまらせることができるという核抑止論（恐怖の均衡）の立場を示している。**エ**　誤り。選択肢後段の「非核兵器国からも支持を得られておらず，核軍縮に取り組む国際社会に分断をもたらしていると批判している。」という部分は確かに資料にあるが，それは，核兵器禁止条約について述べたものである。「核兵器の使用は国際法違反」という国際司法裁判所の勧告的意見については，文章の中で一切取り上げられていない。**オ**　その通りである。

第2章

国際経済の動向と課題

| 1 | 貿易と国際収支・外国為替相場

STEP 2 基礎チェック問題　p.107

解答 ❶ 国際分業　❷ 垂直的分業　❸ 特化
❹ 国際分業の利益　❺ 非関税障壁
❻ 輸入数量制限　❼ 資本移転等収支
❽ 第二次所得収支　❾ 金融収支　❿ 直接投資
⓫ 外貨準備　⓬ 外国為替レート（外国為替相場）
⓭ 固定相場制　⓮ 1ドル＝200円　⓯ 円安
⓰ 為替介入　⓱ 協調介入　⓲ 円安　⓳ 円高

STEP 3 単元マスター問題　p.108〜109

1 **解答** (1)**ア**　リカード　**イ**　自由
ウ　リスト　**エ**　比較　(2)**A**　2.2　**B**　2.125
(3)**ア**　為替　**イ**　輸入課徴金

解説 (1)**エ**　2財を比較し，より得意な方に比較
優位があるという。

(2)　100人で1反の毛織物を生産できるイギリスが
220人で生産すれば，毛織物は2.2反できる。80
人で1樽のワインを生産できるポルトガルが170
人で生産すれば，ワインは2.125樽できる。特化
前に比べ，毛織物0.2反，ワイン0.125樽がこの
世に多く生み出されることになる。

(3)　リストは，自由貿易は先進工業国には有利だ
が，後発国には不利であるとし，幼稚産業育成の
ため，貿易に制限を加え輸入品の流入を抑えるべ
きだ，と主張した。

2 **解答** (1)　誤差脱漏　(2)**ア**　B　**イ**　A
ウ　C　**エ**　A

解説 (2)**ア**　同じ無償資金援助でも，食料や医薬
品など消費財のための無償資金援助は，経常収支
の中の第二次所得収支に入るので注意。**イ**　経常
収支の中の貿易・サービス収支の中の貿易収支に
入る。**ウ**　金融収支の中の証券投資（間接投資）
に入る。**エ**　経常収支の中の貿易・サービス収支
の中のサービス収支に入る。

3 **解答** (1)　円売り・ドル買い　(2)　**ウ**

解説 (2)　円を必要とする人が増えれば（＝円の
需要増），円のレートは上がり（＝円高），円を手
放す人が増えれば（＝円の供給増），円のレート
は下がる（＝円安）。**ア**　アメリカ企業は，支払
い用の円が必要となる。**イ**　日本への投資のため
に円が必要となる。**ウ**　円を手放してドルにし
て，アメリカで預金する方が利子を多く得られ
る。従って，アメリカで預金するためのドルが必
要となる。**エ**　日本での旅行に円が必要となる。

| 2 | 国際経済体制

STEP 2 基礎チェック問題　p.111

解答 ❶ 金・ドル本位制
❷ 国際復興開発銀行（IBRD，世界銀行）
❸ ドル危機　❹ SDR（特別引出権）
❺ ニクソン・ショック（ドル・ショック）
❻ 自由・無差別・多角
❼ セーフガード（緊急輸入制限）
❽ 世界貿易機関（WTO）　❾ 上級委員会
❿ ドーハ・ラウンド（ドーハ開発アジェンダ）
⓫ リージョナリズム（地域主義）
⓬ ヨーロッパ石炭鉄鋼共同体（ECSC）
⓭ ヨーロッパ共同体（EC）
⓮ 関税同盟　⓯ ヨーロッパ連合（EU）
⓰ EU大統領

STEP 3 単元マスター問題　p.112〜113

1 **解答** (1)　**イ**　(2)**C**　ブレトンウッズ
D　関税と貿易に関する一般　(3)　**イ**

解説 (1)**A**　「輸出を伸ばす」とあるので，その効
果がある語句が入る。**B**　自由貿易圏にも排他的
な側面があるが，本国と植民地との間で自由貿易
はあり得ないので，自由貿易圏は入らない。

(3)**イ**　キングストン合意である。

2 **解答** (1)ア ヨーロッパ原子力共同体
（EURATOM）

イ マーストリヒト（欧州連合） ウ ユーロ

(2) イ (3) ウ (4) メキシコ

(5) （ASEAN自由貿易地域）AFTA

（南米南部共同市場）MERCOSUR

(6) ウ

(7) WTOのラウンドは参加国数が多過ぎて話がまとまらないという現実があり、実際、ドーハ・ラウンドも難航している。一方、FTAやEPAは利害が一致する国が2カ国から結べるため合意しやすい。そのため、拡大している。

解説 (2)イ 域内での非関税障壁の撤廃により、域内での貿易が活発になる。ただそれと域外からの輸入とは関係がない。

(3)ウ 通貨がある以上、中央銀行も金融政策も必要になるし、共通通貨であればなおさら、統一的な金融政策が必要である。

(6) イギリスは当初、ECと距離を置いていたが、1973年になって遅れて加盟した。

｜3｜ 南北問題と地球的課題

STEP 2 基礎チェック問題　p.115

解答 ❶ 南北問題 ❷ モノカルチャー経済
❸ 開発援助委員会（DAC） ❹ 南南問題
❺ 新興工業経済地域（NIES）
❻ 南アフリカ共和国
❼ ODA大綱（援助のガイドライン）
❽ 開発協力大綱 ❾ 「失業の輸出」
❿ 輸出自主規制 ⓫ エネルギー革命
⓬ ミレニアム開発目標（MDGs）
⓭ 持続可能な開発目標（SDGs）
⓮ グローバル・パートナーシップ

STEP 3 単元マスター問題　p.116～117

1 **解答** (1)ア 一次産品 イ 交易条件
(2) 国連貿易開発会議（UNCTAD）
(3) 資源ナショナリズム

(4) 新国際経済秩序（NIEO）樹立に関する宣言

解説 (4) 新しい国際経済のルールの内容は、天然資源に対する途上国の恒久主権の確立、多国籍企業への規則、不利な交易条件の改善などである。

2 **解答** (1)ア インド イ グローバル

ウ G20サミット（主要20カ国・地域首脳会議［金融サミット］） (2) ウ

解説 (2)ウ 上海ではなくマカオである。香港はイギリスから返還され、マカオはポルトガルから返還された。

3 **解答** (1)ア 繊維 イ 鉄鋼

ウ コンピューター (2)エ 輸出自主規制

オ 為替レートの調整 カ 日本市場の開放

キ 数値目標の設定

解説 (1) 本文に「軽工業⇒重工業製品⇒ハイテク（先端技術）製品」「日本の産業構造変遷の歴史」とあるので、それに合わせればよい。

(2) オ 後続文にプラザ合意とある。合意の目的はアメリカの輸出拡大・貿易赤字縮小を図ることであり、各国が協力して為替レートをドル安へと誘導することが決まった。キ 輸入量を政府が約束することは、管理貿易（GATTでは許されない）につながるとして日本は抵抗した。

4 **解答** (1) 国連世界食糧計画（WFP）
(2) 誰一人取り残さない

1 **解答** (1)　基軸通貨　(2)　**ア**

解説 (1)　基軸通貨のドルと各国の通貨は固定相場でつながれた。そのため，各国は，為替レートの変動を上下1％以内に抑える平価維持の義務を負った。

(2)　円高・円安の及ぼす影響・結果（円高・円安だとBになる，という場合のB）を問う問題である。**ア**　同じ時給1000円が，母国に持ち帰れば5ドルから2倍の10ドルになる。**イ**　宿泊のために用意するドルは，50ドルから2倍の100ドルになる。外国人観光客は減る。**ウ**　輸入のために用意する日本円が200万円から半額の100万円になる。輸入は増える。**エ**　日本人の個人資産は，7兆ドルから2倍の14兆ドルになる。高級品を日本へ輸出しようとする外国企業は増える。

2 **解答** (1)　人口爆発　(2)　②

(3)　女性が健康に生きるために，出産や子どもの数などに関し女性自身に決定権を認めること。

(4)　妊娠中絶

解説 (2)　途上国は，次のような理由から，「多産多死」から「多産少死」に変化した。(i)途上国では子どもは労働力であり多いほどよく，また女性の地位も低く妊娠・出産を拒めず多産になる。(ii)医療・衛生状態の改善によって子どもの死亡率は以前に比べて大幅に低下し，少死となった。

3 **解答** (1)　ソーシャルビジネス

(2)　食品ロス（フードロス）　(3)　一次エネルギー

(4)　再生可能エネルギー　(5)　2030年

解説 (1)　発展途上国の生産物を適正価格で購入するフェアトレード，貧困者の自立支援のために無担保・低金利の少額融資を行うマイクロクレジット（バングラデシュのグラミン銀行が有名）などもこの1つである。

(2)　世界の食料生産量は，世界中のすべての人が十分に食べられる量をはるかに上回っている。にもかかわらず，世界ではアジア・アフリカを中心に8億人（10人に1人）が飢餓に苦しんでいる。その一因が食品ロス（フードロス）である。

(3)　石油など自然界に存在するものを一次エネルギー，電気など一次エネルギーを利用してつくられるものを二次エネルギーという。

(4)　石炭や石油のように，いつか枯渇してしまう有限のものではなく，自然環境から絶えず補充されるエネルギーを，再生可能エネルギーという。バイオマスエネルギー（動植物由来の生物資源を利用）も，これに含まれる。

1 **解答** (1)　**イ**

解説 (1)　日本の物価指数が100から150になったということは，100円だった日本のハンバーガーが150円になったことを意味する。同様にアメリカの物価指数が100から200になったということは，1ドルだったアメリカのハンバーガーが2ドルになったことを意味する。同じマクドナルドのハンバーガーが日本で150円，アメリカで2ドルということは，購買力平価説に立てば以下の式が成り立つことになる。

$$150円＝ハンバーガー＝2ドル$$

$$150円＝2ドル$$

$$75円＝1ドル$$

2 **解答** (1)　生徒3・生徒4・生徒6

解説 (1)　生徒1：第二次所得収支（食料や医薬品など消費財のための無償資金援助や国際機関への拠出金など，対価を伴わない資金の出入り）と，資本移転等収支（対価を伴わない道路やダムなど社会資本形成にかかわる無償資金援助や，政府間の債務免除による資金の出入り）は援助にかかわる項目である。表Aを見ると，その2つともが赤字である。日本から援助の資金が出ていっていることがわかる。従って生徒1の発言は正しい。

生徒2：表Bから，日本のODAの総額について，かつては世界第1位であったが現在は5位に後退

しているものの，総額では依然援助大国であることがわかる。従って生徒2の発言は正しい。

生徒3：表Aで，第一次所得収支は，確かに黒字であるが，第一次所得収支は，対外投資に伴う投資収益（海外への投資で得た利子・配当など）と雇用者報酬（海外で得た賃金など）による資金の出入りからなる。ODAとは関係がない。生徒3の発言は誤りである。

生徒4：表Cより，GNI比率の順位は確かに中ぐらいである。しかし国連の目標である0.7%には遠く及んでいない。従って生徒4の発言は誤りである。

生徒5：モノ（財）の輸出入は表Aの貿易収支にあらわれる。サービスの輸出入はサービス収支にあらわれる。貿易収支が黒字のことから，日本がモノの輸出に強い（輸出＞輸入）ことがわかる。サービス収支の赤字から，サービスの輸出には弱い（輸出＜輸入）ことがわかる。従って生徒5の発言は正しい。

生徒6：表Aを見ると金融収支は黒字である。ただここで注意が必要なのが，金融収支は符号表記が他の項目と違って逆になることである。金融収支は資金の出入りではなく，対外純資産（対外資産－対外負債）の増減で符号をつける（対外純資産が増えればプラス，減ればマイナス）。日本企業が海外に工場を建設すると，（資金は日本からの流出であるが）対外資産が増えたので，金融収支はプラスで表記される。逆に外国企業が日本に工場を建設すると，（資金は日本に流入したが）外国の対外資産が増えた（日本の対外負債が増えた）ので，金融収支はマイナスで表記される。従って生徒6の発言は誤りである。

生徒7：表Dから，日本の贈与比率が極めて低いことが読み取れる。ODAは基本的に，贈与と貸付で構成されているので貸付を原則としていることがわかる。従って生徒7の発言は正しい。